U0519093

汪荃 袁静 吴蔚◎主编

幼儿园美术欣赏
教学案例
（中班）

知识产权出版社
全国百佳图书出版单位

图书在版编目（CIP）数据

幼儿园美术欣赏教学案例. 中班 / 汪荃，袁静，吴蔚
主编. —北京：知识产权出版社，2016.1
　　ISBN 978-7-5130-3915-4

　　Ⅰ.①幼… Ⅱ.①汪… ②袁… ③吴… Ⅲ.①美术课—
教案（教育）—学前教育 Ⅳ.① G613.6

　　中国版本图书馆 CIP 数据核字 (2015) 第 275472 号

责任编辑：汤腊冬　　　　责任校对：孙婷婷
执行编辑：申立超　　　　责任出版：刘译文

幼儿园美术欣赏教学案例（中班）

汪荃　袁静　吴蔚　主编

出版发行：	知识产权出版社有限责任公司	网　　址：http://www.ipph.cn
社　　址：	北京市海淀区马甸南村1号（邮编：100088）	天猫旗舰店：http://zscqcbs.tmall.com
责编电话：	010-82000860转8108	责编邮箱：tangladong@cnipr.com
发行电话：	010-82000893转8101/8102	发行传真：010-82000893/82005070/82000270
印　　刷：	三河市国英印务有限公司	经　　销：各大网上书店、新华书店及相关专业书店
开　　本：	720mm×1000mm　1/16	印　　张：14.25
版　　次：	2016年1月第1版	印　　次：2016年1月第1次印刷
字　　数：	238千字	定　　价：49.00元

ISBN 978-7-5130-3915-4

出版权专有　侵权必究
如有印装质量问题，本社负责调换。

编写组名单

编写委员会名单

主　　任：梁雅珠　苏婧

副 主 任：任晓燕　吕艳静　余　丽　王宇凡

编委会成员：周深梅　王　岩　马玉华　陆　薇　王燕华　孔震英　申玉荣
　　　　　　苏　健　田逶巍　郭兰英　于渊莘　杨宝玲

主　　编：汪　荃　袁　静　吴　蔚

编写成员名单

作者名单

曹丽敏　曹　东　陈　捷　程邵丽　董　雪　邓　雪　郭兰英　关久月　金韩寒
贾　婷　贾　华　吕艳静　李惠萍　李蒙蒙　李　文　李　敏　李　曼　吕卫超
刘亚萍　刘　捷　刘金娥　刘　欣　雷晓娟　陆　薇　任晓燕　苏　伟　石　艳
汪　荃　王宇凡　王佳佳　王春艳　王　雁　王秀宇　吴　帅　吴　蔚　吴海梅
袁　静　余　丽　曾　莉　曾艳芳　张金红　张　宇　张　彦　郑明慧　赵　爽
周　丽

实验园名单

海淀区北大幼儿园　海淀区 63921 部队幼儿园　海淀区海军示范幼儿园
海淀区明天幼稚集团　大兴区第二幼儿园　丰台区方庄第二幼儿园
丰台区西罗园幼儿园　朝阳区西坝河第一幼儿园　朝阳区青少年活动中心
朝阳区劲松第一幼儿园　东城区光明幼儿园

具体编委成员

献给孩子们的一份珍贵礼物
（代序）

创造性是儿童与生俱来的一种本能，这种本能的创造力可以通过审美的方式来表达。汪荃老师率领的研究团队经过多年的研究实验，探索出了一整套关于幼儿美术欣赏活动的实用课程，包括幼儿园各年龄班幼儿美术欣赏的内容及教师指导幼儿的活动策略等。极大地丰富了幼儿园美术教育的内容，填补了国内幼教机构在儿童美术欣赏领域的研究空白。

多年来，幼儿园艺术领域中美术方面的教育目标始终放在幼儿对美的感受、体验及表现上，非常重视幼儿的想象力和创造力的培养，在此方面，取得了非常好的效果，这一点毋庸置疑。但就幼儿对美术作品的欣赏一直研究不多，以至于在幼儿园美术教学中非常欠缺这方面的内容，即使有些教师比较重视幼儿对美术作品的欣赏，其教学也是非常随意的、不系统的、不完善的。幼儿园美术欣赏始终没有提炼出系统的理论和方法。

针对这一现状，汪荃老师带领课题组老师，按照幼儿美术欣赏的规律，做了深入的探讨、实验和研究。经过多年的探索，形成了《幼儿园美术欣赏教学案例》，这是一份献给孩子们和美术教师的珍贵礼物。

教育作为一种培养人的专门活动，应当敬畏人的生命，尊重人的本能，维护人的童心。美术欣赏对孩子的熏陶、感染起着不可替代的作用。美术欣赏能释放人的本能，使人超越功利，唤醒人的爱心。对孩子来讲，艺术大师之作，可以净化孩子的心灵，让他们张开想象的翅膀，在教师的引导下用他们清澈的双眼解读艺术之作，丰富他们的情感世界，启迪他们的智慧，提升他们精神生活的质量。

美术欣赏是幼儿园美术教学的重要组成部分。《幼儿园美术欣赏教学案例》

如同一套精美的大餐，为幼儿园美术教育注入了更有价值的养分。期盼着这项研究成果早日走进幼儿园，为幼儿园的美术教育增添新的活力。

衷心祝福孩子们徜徉在优美的艺术作品殿堂之中，尽情地去感受、去享受、去成长，快快乐乐走向幸福的人生！

梁雅珠

2015 年 5 月

前　言

几年前，我在早教所研究幼儿园活动区玩具材料配备工作时，就发现在市场上很难找到用于幼儿园美术欣赏活动的绘画作品，因此，在当时由我组织出版的《幼儿园活动区玩具材料配备指导手册》里，关于美工区欣赏画的列举就特别贫乏。在实验园老师们的呼吁下，课题组萌生了开发一套幼儿园美术欣赏作品的想法。于是，我们找到一些志同道合的朋友，完成了小、中、大班120幅作品的选择收集并印刷成册，投放到了实验园的美工区。但是，由于长期以来美术欣赏作品在幼儿园配备方面的缺失，如何带领幼儿欣赏这些作品继而成了老师们的又一个问题。开弓没有回头箭，于是，我这个美术专业的门外人，就被推到了研究的前沿召集起对此感兴趣的老师，开始研究起美术欣赏活动在幼儿园活动区的尝试和落实。

开卷有益！当我们叩开美术欣赏的艺术之门后惊喜地发现：从国内到国外，从小学到大学，从专业艺术教育到人才素质的培养，美术欣赏教育的教学理论都是极其丰厚的，并且其观点之鲜明、方法之多样、操作之神奇、感受之美妙，方方面面，娓娓道来，深浅自如，引人入胜！

课题组的成员兴奋了，实验园的园长和老师们也兴奋了，大家把研究的重点放在活动区自然常态（或组织分组教学活动）下，让幼儿接触和欣赏大师级的美术作品，开展尝试与大师进行审美对话。通过一段时间的研究和实践，师幼双方逐渐形成了用审美的眼光欣赏作品的习惯。我们看到，孩子们参与美术活动的兴趣提高了，审美的眼光开阔了，创作的热情激发了，自信的个性也开始建立了！甚至连我这个见到美术作品只知道看看画的是什么的人，也逐渐习惯于分析作品的形式美了，如看看画面的色彩是什么感觉、用的什么构图形式、画中的物体是怎么表达出来的、我是否喜欢这幅作品、喜欢或不喜欢的理由是什么……

但是，由于各种主、客观原因，在收集整理教学案例时，连续 3 年接受到美术欣赏教育的孩子数量很少，因此，在中、大班幼儿美术欣赏活动的素材中，幼儿的发展性就体现得不够充分。为了更准确地表达出欣赏活动在幼儿园小、中、大班连续进行的应有的效果，整理资料的工作就拖了下来，后续又发展了一些园所和教师，将材料陆续补齐，直到今天才算告一段落，拿出成果与大家分享。

《幼儿园美术欣赏教学案例》是课题组全体教师集体研究的成果，编写顺序分为上、下两篇，其中上篇主要是对美术欣赏理论的必要介绍，包括不同参与人员在各自岗位对此项工作的思考和心得体会；下篇是不同年龄班美术欣赏活动的实践与探索，包括对作品的提问预设和案例总结等。"提问预设"的撰写是为了帮助老师进入美术欣赏之门，了解什么是美术欣赏的目标，怎么通过适宜的角度和层次去落实完成；"教学案例"则是展示给大家一个完整的教学过程，看看实验班的老师是怎样利用"提问预设"这一入门之师来开展教学的。当然，老师们也可以根据自己的教学需要重新定位某一作品的欣赏角度，这在具体的案例中可以见到。例如：蒙德里安的作品《树》，书中的提问预设欣赏角度定位为色彩，但在教学案例中又有教师根据自己的欣赏喜好和教学需要，对作品进行了线条角度的欣赏；作品《向日葵》也提供了色彩和构图两个角度的欣赏案例。为了便于一线老师使用，此部书编辑时特意按小班、中班、大班分成了三册，并由该册书的负责人在汇集教师实践基础上撰写了该年龄班幼儿美术欣赏的特点。建议教师在使用本书时首先对于全局有一个大致的了解，然后再重点参考本年龄段的内容进行实践。

本研究收集了古今中外 13 位艺术大师的共计 120 幅作品，3 个年龄班各 40 幅。划分年龄班的依据首先是其中蕴含的发展递进性，例如，将我们自认为形式简单、好观察、好理解、好创作的作品放到了小班，而将内容和形式较为复杂、创作技巧有难度的作品放到了中、大班。进行年龄班划分的做法也是想适合幼儿园课程建设的需要，使欣赏活动有一定的发展规律可循。

幼儿美术欣赏活动同其他领域的活动一样，也需要有明确的教育目标。课题组的成员通过对作品形式美的研究，把这些欣赏作品划分为了色彩、线条、构图、技法和国画五个欣赏角度。我们认为：适宜的美术欣赏活动需要对作品的形式美有一个聚焦，以便教师能够有针对性地制定教育方案并引导幼儿实现某一角度的有效欣赏。

幼儿美术欣赏活动的精髓在于教师的提问。教师有目的、有层次、有价值的提问是培养幼儿欣赏能力的首要因素。在作品的"提问预设"部分，按照欣赏角度的划分，我们为教师预设了作品的欣赏目标，准备了3个层次的提问和一系列追问，目的是培养教师对美术要素目标的重视，防止问题提出后就出现发散而没有边际的思维习惯，以保证欣赏活动能够始终围绕着美术的核心目标进行，使师幼双方都能在有效的互动中得到审美能力的发展。

美术欣赏活动过程是落实审美目标的载体，它在"活动案例"中被体现为活动的前设和活动的过程两个方面。在活动的前设里，我们为教师提供了欣赏目标、活动的重、难点和创作材料的准备；在活动的过程里，我们使用了3个环节来完成：一是"作品欣赏"环节；二是"作品创作"环节；三是"作品评价"环节。需要特别指出的是，这里的"作品创作"和"作品评价"也是美术欣赏活动不可或缺的组成部分。其中，"作品创作"是通过模仿画家的某一创作方式身临其境地去体会该作品的艺术语汇；而"作品评价"也需要围绕欣赏目标展开，从而检验欣赏教学的效果，使参与幼儿的认识得到进一步提升。在这里，请广大教师千万不要与幼儿日常的美术教学活动和美术创作活动混淆，否则，就容易造成这两部分与前面的作品欣赏环节脱节，使欣赏者对该作品的欣赏只能停留在单纯看的层面，成为死的知识，无法积极运用到自己的美术创作中。正如孔子在《论语》开篇中就指出"学而时习之不亦说乎"，明确表示"学习"是由"学"和"习"构成的。"学"只是接受知识，而理解知识进而能够使用知识靠的是"习"，只有"学"与"习"充分结合才能获得真正的知识，继而产生学以致用的快乐。这一原则在我们的教师培训和幼儿美术欣赏活动中均能得到很好的印证。那些能听从培训者引导，能按照作品的艺术语汇进行欣赏的教师，培训前后的创作水平差距显著；而不听从指导的教师或幼儿，前后作品没有明显区别，说明学而不习是没有用的。还有，本丛书的出版是为广大一线教师服务的，其难易程度一般教师均可以接受，而不需要特别的美术训练。我们希望做"返璞归真"的教育，要的就是调动教师自己的真实感觉，作品的提问预设部分，问题都是开放的，足可以支持教师边学习边实践。另外，为了让老师们能够在教学中更加自主和自由地发挥，本书也对一些美术语汇进行了必要介绍。

尽管经历的时间很长，但研究永无止境，实验也很难做到圆满。本丛书的出版主要是献给那些参与此项工作的全体老师，所有的领导和朋友们。愿大家的心愿可了，也盼望有志者在丛书出版的平台上做出新的成绩。

我首先要感谢教科院时任院长石龙和张铁道两位领导。他们对这项研究工作给予了充分的、多方面的支持，解决了研究过程中的诸多困难。我更要感谢早教所先后两任所长对这项工作的帮助和鼓励：时任所长梁雅珠为本课题积极筹集经费，邀请专家，组织相关培训，为研究奠定了坚实的基础。现任所长苏婧为了成果的完善也协助我们与多方协调，解决物质与人力问题，可以说，是院、所两级领导的眼光、胸襟和智慧撑起了我研究的勇气与信念。我最要感谢的还是参与这项研究的所有成员，包括为我们制作美术欣赏作品的王元先生，课题组专业领衔教师吴蔚和袁静，海淀区学前教研中心主持美术课题研究的周深梅老师，帮助我们统稿的早教所张霞老师、东方之星幼儿教育研究所赵霞老师，还有曾经帮助过课题组开展研究的专业美术教师张迪先生，以及各个实验幼儿园的园长和老师们，他们是：北大幼儿园的园长和实验教师、大兴第二幼儿园的园长和实验教师、东城区光明幼儿园的园长和实验教师、丰台区方庄第二幼儿园的园长和实验教师、丰台区西罗园幼儿园的园长和实验教师、海军第一幼儿园的园长和实验教师、朝阳区西坝河幼儿园的园长和实验教师、海淀区 63921 部队幼儿园的园长和实验教师、朝阳区劲松第一幼儿园的园长和实验教师、朝阳青少年活动中心的有关领导和教师。他们的名字已在编写人员列表处一一列举。

汪荃 敬上

目　　录

上篇

幼儿美术欣赏教育的
基本理念

第一章

幼儿美术欣赏教育导论

第一节　幼儿美术欣赏的教育价值

虽说美术教育应该由美术欣赏和美术创作两部分组成，但真正要在幼儿园宣传落实美术欣赏也不是一件特别简单的事情，而必须要解决与之相关的一系列问题，包括建立在理论基础之上的观念转变、建立在发展期待之上的目标定位、建立在活动价值之上的作品选择和建立在师幼互动之上的操作方法，通过这一切将幼儿沉睡着的审美感受唤醒，使他们与生俱有的审美灵感在瞬间得以闪现和爆发，使其审美智慧和能力得以培养、彰显和迁移。为了追求这样的一个信念，课题组老师们进行了长期、深入的教学探索。

拉尔夫·史密斯在《艺术感觉与美育》一书中，阐述了奥斯本等人关于审美欣赏、艺术鉴赏是一种"技能"的学说。"这样一种审美鉴赏的技能和能力，是一种认识性的能力，是一种经过训练而得到的操作性能力，最终是要帮助学生获得一种默契的知识和无法说清的诀窍"。国内的理论家也都赞同这样一种观点，在高等学校通识课程系列教材中，其作者就表示对以上观点表示赞同，并进一步表明："作为一种认识性能力的培养，主要是让学生掌握不同艺术样式在艺术表现方面的基本知识和规律，进而运用这些知识和规律去欣赏具体的艺术作品。"

基于对以上大量有关理论的解读与理解，我们认为：在幼儿美术教学中引入作品欣赏不仅有益于教师、幼儿审美素质的培养，本身也是美术教育的重要组成部分。但是，由于届时国内学前教育"艺术自我表现"的观点盛行，美术欣赏这一培养途径基本被取消。在自我表现的旗帜下，儿童常常被放置于一种放任状态，并被剥夺了能够启发他们进行艺术探索的机会与条件。这与国外教师经常带幼儿到美术馆进行美术教育的情况是截然不同的。分析其原因之后，笔者认为：一方面是由于艺术家自身成长的历程，他们本身具有特殊的美术天赋，可以自我开发艺术潜能，因此主张让儿童自我表现；另一方面是我们的师资水平和视野有限，教师缺乏对作品欣赏的切身艺术感受，以为美术语言只能用"像"为标准，因此体会不到欣赏的价值。

为了扭转这一思想误区，改变幼儿园美术教学有量而无质的现状，笔者认为，加强美术作品欣赏的教学力度是值得探索的。正如美国学者鲁道夫·阿恩海姆所说："许多人天生具有的通过眼睛来理解美术的能力沉睡了，因此有必要唤醒它。"

第二节 幼儿审美能力的培养

从产生想法，选择、制作欣赏作品，讨论、制定、修改研究方案，再到教学活动中的实验摸索，案例的收集整理，幼儿作品的研究分析，课题组前前后后共用了10年的时间。从效果上可以说是验证了最初的研究预想，同时也收获了预先更多感悟，体会到了幼儿艺术审美能力得以发展的因果关系。

一、教师是教育的主体，是促进幼儿审美发展的关键因素

参加本课题实验的老师基本上都是幼儿园指派的，课题组对她们没有进行过任何的筛选，只要是对研究有兴趣的我们就热烈欢迎。通过前几年的研究过程，这些教师对领悟艺术和把握教学的能力均有了明显提高，而这种提高与她们之前是否具有较高的绘画水平并没有明显的关系，起作用的主要体现在以下几个方面：

（1）教师对艺术的理解是一个逐渐提高的过程。由于幼儿园在安排带班人员上的变动，两年来参与实验的教师也经常会有流动，表现为有些教师研究一半走了，有些教师半路插进来了，也有的教师走了又回来了。不论这些教师最初的美术基础有无差别，那些坚持留下来的教师在最后的成果检验中都是最棒的。因而我们的体会是：艺术欣赏水平的提高要循序渐进，而且热情比水平更重要。

（2）教师观念的转变决定了教学能力提高的幅度。在下园观摩活动中，最初实验园的教师均表现出一种教学行为的惯性，即欣赏时无论从哪个角度都想让幼儿观察，而所有的观察又都浅尝辄止、没有深度，因而看不到欣赏的质量和效果。如果一个教师在较长时期里都是只坚持自己原有的想法、做法而不吸收、接受欣赏作品的表达精髓，进步就会受到阻碍。因而我们的体会是谦卑比美术技能更重要。

（3）教师对艺术的理解和观念的转变是互为因果、循环上升的。指导教师的有效方法就是在具体活动和案例中经常回顾理论知识，反复强调欣赏的发展价值，深入探讨细节的处理。当教师在观念上转变了，对作品的感悟和艺术语汇的掌握也就有了突飞猛进的发展，而欣赏能力的提高又一步坚定了她们追求审美智慧的信念。因而我们的体会是成功就在坚持不懈的努力之后。

（4）教师美术素养的提高是幼儿审美能力得以发展的保障。在前一轮的实验中，无论教师整理的案例还是孩子在作品中表达出的对大师绘画语言的理解，课题组都觉得不够满意。而教师们就把这归结于孩子不适宜欣赏作品。但是当第二轮成果出来后，老师们一下子就发现了其中巨大的进步。如果说这些孩子是参与了第一年实验的，这种进步还应在预料之中，但当多数中、大班孩子都是新接触本课题，进步的理由就只有教师水平上升了。因而我们的体会是不在于幼儿是否会欣赏，而在于教师是否有对艺术的感悟和引导幼儿进行欣赏的能力。

二、幼儿对作品的理解是一个连续发展的过程

实验中有的幼儿是在同一个教师带领下连续经历了三个年龄阶段的欣赏过程的，也有的幼儿虽为大班也只是刚刚开始接触，因此，有些大班幼儿表现为欣赏水平不如中班，甚至不如小班也就不足为奇。除此之外，幼儿欣赏水平的提高还受到以下因素影响：

（1）信心的建立是审美素质发展的前提。任何时候都是胆大的孩子占便宜，那些视欣赏活动为游戏的儿童总是能积极参与、大胆探索、热情交流，因而发展也就速度最快。

（2）精神的解放比美术表达能力更重要。实验中发现，被教师认为绘画能力特别强的个别孩子，在欣赏活动中却表现为特别固执，他们的创作永远都是用自己的美术表达语汇和方法，而拒不接受大师的精神营养，其作品也就没有进步。对待这样的孩子，教师最需要做的就是要让他们放下自负的精神包袱，轻装前进。

（3）对艺术作品的爱好和探究美术语汇的方法表现出较大的性别差异和个体差异。一般来说，男孩子比较喜欢笔墨浓重、造型夸张、天马行空、异想天开的欣赏作品，他们在与这样的作品进行对话时，表现得更加兴奋；而女孩子则更喜欢笔触

细腻、造型温柔、构图和谐、具象写实的欣赏作品，他们在与这样的作品进行对话时，表现得更加快乐。此外，随着幼儿年龄的增长，这种差别也就越加显著。因此，作品提供的多样性、针对性，欣赏过程中的因人施教都是非常重要的。

经过几年的研究实践，我们可以得出以下结论：通过提供适宜的作品和欣赏方法，教师的美术素养及其与幼儿进行美术互动的质量能够提高，但需要假以时日；通过提供适宜的作品和欣赏方法，幼儿的审美感受能够被唤醒，他们的审美素质和审美情趣也可得以提高，但需要有一个连续发展的过程。

在取得了可喜的研究成果之时，我们也真切地感到：大师级的作品饱含造诣深厚的艺术素养和博大的人文情怀，不仅经受住了时代的考验为众人仰慕，而且经过幼儿教师的用心选择，可以再度神采焕发，成为幼儿审美的精神家园。

第三节　幼儿美术欣赏活动的基本环节

绘画的基本表现手段主要有线条、色彩、构图、明暗、笔触、肌理等方面，为了保证在有限的时间内就作品的某一个方面与幼儿进行细致的观察与交流，并对作品后续的欣赏起到引导与提示作用，我们把选定的作品人为地划分为几类，分别从线条、色彩、构图、技法角度进行引导。一般来说，一次完整的美术欣赏活动可以包括以下五个环节。

一、直观感受环节

教师以开放的态度，利用艺术作品本身的感染力激发儿童的探究欲望，要求儿童用直接的感知觉与美感意识接触作品，避免把教师的期望灌输给儿童。对艺术品的初步印象是儿童进入美术欣赏的第一步，这一步应把儿童鲜活的个人体验放在优先位置，由此出发再来讨论其他问题。如在马蒂斯《国王的悲哀》的欣赏活动中，教师刚出示这幅作品，幼儿就情不自禁地发出一片"哇！……"的惊呼，显然，他们是被画面艳丽的色彩、简洁的形象与活泼生动的画面所吸引住了，这便是他们对这幅作品的第一印象。这是未被教师修正过的、最原始、最真实的直觉体验，它伴随一种创造性知觉活动和思维活动，是儿童产生审美愉悦的重要源泉。此时教师应支持、鼓励和激发儿童的表现欲，给他们一定的时间来表达自己的感受。

二、观察描述环节

艺术活动有赖于智慧的运用，而艺术认知层面的活动是需要学习的。在儿童欣赏作品时，要引导儿童从主题、形式、象征、材料等方面进行有意识的观察，并作扼要的陈述，以进一步了解画面的形式及其内涵。这一步可以以老师"你看到了什么"的提问为线索，引导儿童发现作品的点、线、形、色等要素。

三、分析讨论环节

要求儿童在教师的启发诱导下表达对作品的感受，对审美要素进行分析、描述和谈论。教师可以着重分析作品中视觉元素的特色，如画家运用了什么方法来达到它的艺术效果？作品带给你什么样的感受？在与儿童的交流中，教师用隐喻、暗示和解释等方法巧妙地呈现艺术品的内涵与意境，并对所知觉的作品结构作必要的说明、解释和评价。

四、创作表现环节

教师和儿童共同挖掘所欣赏的艺术品的潜在美感价值，教师应鼓励幼儿向画家学习，引导幼儿在潜移默化中创作自己的作品。如欣赏马蒂斯的剪纸作品之后，儿童以色纸剪贴的方式按自己的意愿表现。欣赏梵高的作品之后，幼儿尝试用扭曲、火焰般的线条表现具有动感的物象。

五、评议环节

这是整个活动的必要组成部分，是另外一种欣赏活动。传统的评价多是由教师选择和一一出示儿童的作品进行点评，教师挑出自己最喜欢的（而不说是最好的）一件介绍给大家。而现在是让儿童围绕教学目标轮流向大家介绍自己的作品，说说自己是怎样运用大师的方法进行创作的，这样便于儿童把对名作的欣赏经验迁移到对同伴们和自己作品的欣赏中来，也使儿童有一种自豪的体验和成就感。

第四节 美术欣赏教育的操作性原则

开展幼儿美术欣赏活动，教师面临的更多问题还在实践操作层面。这里介绍一些美育的特殊性原则，供参与者在实践中加以把握。

一、体验性原则

在本质上讲，审美是一种体验活动，包含对审美客体的感知、想象、理解等心理成分和复杂的情绪情感状态。正如歌德在《瑞士信札》中写道："只要我看到可供描写、可以入画的风景，立刻感到一种难以名状的不安。"面对美术大师的作品，教师首先要做的就是捕捉画家在作品中注入的心灵感动，并且循循善诱，唤醒幼儿的心理体验。体验要以活动为中心，通过美的鉴赏和创造活动来完成。在我们每次的欣赏活动中，教师都是向幼儿呈现完整、清晰的作品，尽可能地让他们动手、动口，并给予他们自由表达、自我感受的空间。比如，面对一幅美术作品，教师首先会问孩子在作品中看到了什么？它在哪？过去用手指指，通过这样的问答和动作激发孩子参与活动的兴趣；接着教师还会提问一些开放性的问题，如你看到的东西是什么样的？感觉像什么？你在生活中是否见过？孩子们就更乐于表达自己的见解，分享经验；最后，教师要引导孩子进行情感交流，猜猜画家绘画时的情感，谈谈自己见到作品时的心理感受。这样，就能使幼儿的个体情感在开放状态下不断舒展、释放，并日益丰富、细腻，不断升华。

二、个性化原则

作为个体性的存在，人的审美情趣和审美偏好有很大的不同。有的人幽默风趣，喜看轻松的喜剧；有的人多愁善感，只为沉郁的悲剧而动情；有的人温柔善良，流连于纤巧细腻的江南风光；有的人粗犷豪放，一生钟情于草原戈壁。对于欣赏者来说，他必须调动自己的整个心灵，用经验、学识、情感去品味、理解和把握艺术对象，从而达到对艺术作品的独特理解。正如人们常说："一千个读者就有一千个哈姆雷特。"在开展美术欣赏活动中，我们就发现了幼儿这种比较明显的性别区别和性格区别，比如有的孩子喜欢欣赏人物画像；而有的偏好风景；有的喜欢色彩鲜艳的作品，而有的喜欢色彩淡雅的作品。教师要让孩子们充分表达各自的不同喜好，千万不能把个性淹没在审美的共性之中。

三、阶段性原则

个体审美发展有一个完整的过程。学前儿童对色彩、色块等形式因素最为敏感，因此，学前儿童的审美培养更偏重于对形式美的感受能力。我们的美术欣赏活动首先是聚焦于对作品某一种形式美的感受上，而不强调对作品本身更高层次的精神意义的理解。其次，幼儿的美术欣赏能力是在参与欣赏活动的过程中不断积累和提高的，教师也要把握一个循序渐进的过程，开始的问题一定要浅显，简单化，易于回答，逐步再过渡到更为复杂和个性化的问题。在为幼儿挑选欣赏创作活动的操作工具时，也要考虑到不同年龄段幼儿的实际操作水平。例如，欣赏修拉的点彩作品，大班幼儿可以直接用彩色蜡笔来画，而小班幼儿则更适合用沙子、锯末等进行创作。

第二章

幼儿美术欣赏作品概述

第一节 幼儿美术欣赏作品的选择

一、借助大师的作品形成欣赏的高起点

当前我们生活在发达的传媒时代，身边经常接触的是商品包装、广告、漫画、动画、网游等大众美术，而经典美术作品则逐渐远离了人们的生活和兴趣。但是，美术作品的价值并不会因时代的变迁而悄然褪色，作为人类文化的宝贵遗产，其在教育中的地位也是不容动摇的。选择大师级的美术作品作为欣赏活动的对象，让幼儿感受、认识、理解其中所蕴涵的永恒的、不可估量的艺术价值，就是让他们站在艺术家的肩膀上感受艺术、观察艺术和体验艺术，并逐步学习用艺术家的眼睛去感受生活，用艺术家的心灵去品味生活，用艺术家的灵感去创造生活，进而对人生和世界形成一种审美关照。正如 20 世纪最伟大的美术史家之一——贡布里希所说："艺术家是见其所欲画，而不是画其所己见。"用通俗的话来说，就是艺术家所画的内容是表达物体对他心灵的触动，而不是告诉大家他眼睛看到了什么。

选择大师的作品进行欣赏，就是因为这些作品有灵魂。当然，幼儿园美术欣赏教学活动使用的作品不可能是原作，只能是复制品。复制品的方式主要有印刷品、数字图像、模仿画等。随着现代印刷术的发展，质量精良的印刷品能够比较清楚地再现原作风貌，成为艺术家与艺术接受者实现精神交流和审美对话的中介，"当大师的作品与观者在他自己的情景中相遇时，作品将得到复活"。另外，印刷品价格便宜，使用方便，是当前落实幼儿园美术欣赏的最适宜形式。我们的目的是，对话大师，引导教师和幼儿参与到有意义的美术文化交流活动中，将大师的养料转变为幼儿自身高级心理机能成长的营养，从而丰富个人的审美经验和艺术表达语汇。

二、按照儿童审美发展的规律和教学的现实需要梳理选择作品

美术欣赏首要的目标是打开儿童的心灵之窗，使幼儿体会到绘画是轻松随意、自由自在的活动。为此，我们把这样一些作品选择到实验中。如米罗的作品《小小的希望》《天空中游走的头发》《水彩画》等，康定斯基的《风景画作品》《黑色线条》等，就均较好地体现了这一特点。那些看似随意的涂抹、无意的线条就像幼儿自己曾经的"涂鸦"，不用像什么，只要画到自己满意就行。

欣赏的作品的内容要贴近幼儿的生活，符合其审美情趣，能唤起其内心甜美的情感。为此，我们选择了齐白石的《灯鼠图》，李可染的《牧牛图》，米罗的《亲密交流的人》《鸟的爱抚》，马蒂斯的《蜗牛》《国王的悲伤》等作品，这些均是幼儿十分感兴趣的题材。再如齐白石的《群虾图》，吴冠中的《花》，马蒂斯的《窗外的景致》，梵高的《开花的桃树》，康定斯基的《秋日阳光下的街道》，修拉的《大碗岛的星期日》等，也都是幼儿生活中再熟悉不过的事物。引导幼儿欣赏这样的作品，幼儿自然会感到惊喜、亲切、温馨。

为幼儿选择的欣赏作品还应该有那些看似简单，但实则展现了艺术形式美的作品。像米罗的《蓝色》《环绕蓝天飞翔的云雀》，蒙德里安的《沙丘》，康定斯基的《无题》，毕加索的《游泳的人》，马蒂斯的《爵士乐》等，就强烈地散发出了一种既简单又纯粹的美。当我们看到这样的作品，不仅感受到了纯视觉的震撼，更感受到绘画不再是一件困难的事情，而只是进行美的抒发。

当然，绘画作品的美不只局限在艺术的装饰性效果上，那些自由挥笔、肆意洒泼的作品更是让性格外向、胆大开朗的孩子无比喜欢。像米罗的《五月》《红色的盘子》《鸟在天空爆炸的时候》，波洛克的《数字》系列等就都是这类作品的代表。看到这样的作品，绘画就不仅仅是轻松惬意的事情，简直就是痛快过瘾的行为了！

童年最重要的是心灵梦想。在孩子的内心世界里，没有什么是不可能的。而米罗作品中那些天马行空的畅想，最容易唤起孩子情感上的共鸣。像《天空中蓝色的金子》《午夜的鸟》《从太阳飞来的蜻蜓》《诞生日》《人与山》《太阳下的人和狗》等作品，均是大师的畅想之作。有了大师的示范引领，孩子还有什么不敢想的？

"知觉寻找秩序"是人类心理捕获艺术普遍性的永恒倾向。探索艺术美的规律，在美术欣赏与创作过程中，无论对教师还是幼儿，都是一种自觉或不自觉的行为。而认识美的规律的能力，正如前边理论部分所表达的：是一种经过训练而获得的智力，得到的是一种默契的知识和无法说清的诀窍。本课题组选择的美术欣赏作品就反映了画家对事物的多元表达。其中 "树"的画法有蒙德里安的叶片布局均匀的树；有梵高的在风中颤抖的树；有吴冠中的迎接春天到来的树；有高更的色彩浓重大写意的树；有卢梭近大远小排列整齐的树等；人物的画法也有米罗的抽象和写实的两幅《自画像》；剪影式的《女人与鸟》；线条概括的《坐着的女人》《加泰罗尼亚农夫的头像》；造型简洁夸张的《年轻女孩的肖像》，另外也有康定斯基的《罗马尼亚风格的罩衫》和《穿石榴裙的女人》；有毕加索的《手捧鸽子的孩子》《女人的半身自画像》《戴帽女人的半身像》；有马蒂斯的《克里奥尔的舞者》。此外，还有一些反映自然景色、动物植物、生活场景等绘画风格不同的作品。

总之，这些标新立异、流传千古的经典美术作品，是艺术家们对材质、笔触、色彩等美术元素的巧妙运用，是发自内心的灵性的创造。让幼儿触摸这些不朽名作，发现通往艺术的多样化道路，进而获得丰富的艺术体验，是我们在作品选择时的初衷。

三、尝试进行年龄划分，为研究与教学实践的系统性、适宜性奠定基础

最初选择美术欣赏作品的时候，就确定好了要按照幼儿园的年龄班配备作品。之所以这样做，一方面是因为幼儿在幼儿园的生活是有阶段性的，不能在三年的时间里经常重复面对同样的作品；另一方面也是因为幼儿审美能力的发展需要一个逐渐培养的过程。在这个过程中，幼儿心灵中的审美之窗需要被一扇扇逐步打开。

为小班幼儿选择作品的角度主要是考虑让他们敢画、喜欢画。比如像大师那样涂鸦也行，随便圈圈点点也行，画的是什么不用看得出来，或者画完了再给起个名也行。为中班幼儿选择作品的角度就更加注重发挥他们的想象力，鼓励他们对个性表达的认可，同时了解和探索更多的美术表达工具。为大班幼儿选择作品的角度强调的是融入更多的美术表达元素，进一步拓展他们的审美视野，同时创作欣赏环节的操作方式也更加精细复杂。

四、将作品进行欣赏角度的划分，为研究与教学的指向性、实效性奠定基础

绘画的基本表现手段主要有线条、色彩、构图、明暗、笔触、肌理等方面。为了保证欣赏活动的质量，我们把选定的作品按欣赏角度进行了人为的划分，以便教师可以在有限的时间里，就作品的某个角度与幼儿进行细致的观察与交流，并在操作中实现与大师的积极对话。由于作品在明暗、笔触、肌理等方面的表现对幼儿来讲有些高深，所以分类时统一归纳成"技法"，目的是让幼儿体会多种多样的工具材料和表达方法。

经过对欣赏角度的规划，我们在具有美术专业素养的教师带领下，把全部作品划分成 5 类，即：线条、色彩、构图、技法和国画。之后，课题组根据作品给定的角度，在反复推敲的基础上为每幅欣赏作品制订了教学计划，包括两个欣赏目标，三个预设提问和一系列的追问，操作材料和工具的准备，教师指导的重点和活动结束前的点评等。可以说，这项工作是本项研究花费精力最大、也是困难最多的工作，但也正是由于打下了这样的基础，实验的开展才有了质量上的保障。

第二节 美术作品各要素的表达及引导

艺术欣赏教育是培养儿童艺术素养的一个重要途径，特别是，让儿童从小接触经典，与大师直接对话，可以使儿童有一个高起点，儿童通过与艺术大师作品的经常接触、对话和欣赏，在不知不觉中吸收大师们的构图、线条、作画方式、对色彩的运用和对画面的总体感觉，这些艺术语言都在潜移默化地滋养着孩子们的心灵世界，丰富着他们的艺术感觉，提高着他们的综合艺术素养。这一切不仅有赖于一般知觉能力，还需要欣赏艺术形式的技巧。借用罗恩菲尔德的话，"相对于经历来讲，儿童需要的是多了解知识，教师的一部分责任是使这种知识了解得更加活跃"。

我们的分类小词典，可以帮助教师掌握一定的美术专业知识，以便引导幼儿遵循一定的规律与方法进行学习，从而激发他们追求美与表现美的欲望与热情，主动地去观察、想象、表现乃至创造。

一、色彩小词典

（一）色彩基础知识

绘画的色彩来自客观世界的光与物体。各种物体因吸收和反射光量的程度不同而呈现出复杂的色现象。色彩到了画家的笔下，不仅能反映客观事物，而且表达了艺术家的思想感情。画家正是利用色彩的无穷变化，构成了一幅幅美丽的绘画。色彩的表达可以分为物象描绘性色彩、主观情感性色彩和抽象表现性色彩。画家用不同的色彩表达方式来抒发自己的情感。

色彩的绘画本质在于它的情感意义。人之所以能够感知色彩的情感，是因为长期生活在一个色彩世界中，积累了许多视觉经验，一旦知觉经验与外来色彩刺激发生呼应，就会使人产生色彩联想，并在心理引发某种情绪和情感。

1. 单一色彩的联想

色彩	具象联想	抽象联想
红色	火、血、太阳……	兴奋、热情、危险、跳动、活力……
橙色	灯光、柑橘、秋叶……	温暖、欢喜、嫉妒……
黄色	阳光、香蕉、迎春花……	光明、希望、快活、平凡……
绿色	草地、树叶、禾苗……	和平、安全、生长、新鲜、健全、青春……
蓝色	大海、天空、水……	寒冷、平静、悲哀、透明、理智、深远、悠久……
淡粉色	花朵、房子、裙子……	可爱、天使、天真……
紫色	丁香花、葡萄、茄子……	优雅、高贵、神秘、庄重……
黑色	夜晚、墨汁、煤块……	严肃、刚健、罪恶、恐怖、死亡、寂静……
白色	白云、白糖、面粉、雪……	纯洁、神圣、清静、光明……
灰色	乌云、草木灰、树皮……	平凡、谦逊、失意……

2. 色彩的组合表达

色彩的表达不仅发生在单一色彩上，还常常发生在不同的色彩组合当中。画家在使用色彩时，会以人的知觉经验为基础，借助不同色彩的色相、明度、纯度、冷暖、形状、面积等方面的变化以及相互关系，来传达自己的内心感受。只有运用多种不同色彩的组合和对比，才能更好地表现人的悲喜交加、百感交集。

（二）如何引导幼儿欣赏绘画作品中的色彩

一幅美术作品由线、形、色、构图这些基本要素组成，而最能刺激儿童欣赏欲的是一幅作品中的色彩。因此，教师可以从多方面着手培养和诱发儿童自身的色彩潜能，引导孩子结合他们已有的色彩知识，感受作品中的色彩，全面开发儿童的色彩天性。幼儿从出生之日起，其基因里就蕴含了人类对色彩的情感记忆。美术欣赏活动的意义就是唤起他们这种记忆的过程，并与后天的感知经验相互验证，从而发展出独具特色的色彩审美情趣。

首先，教师要了解幼儿认知色彩的心理特征。就对色彩的感受而言，丁秀玲研究了幼儿对色彩的视觉效果、情感效果、象征效果的感受，结果发现：幼儿在色彩的三个层面的审美感受上存在差异。表现为：幼儿的视觉效果感受性最强，而色彩的情感效果和象征效果感受性相对较弱。他们对色彩的冷暖有一定的识别能力，普遍喜欢暖色。大部分幼儿已有较好的色彩搭配的感觉，其审美趣味表现为由鲜艳、对比强烈的色彩构成向协调、柔和的色彩构成转变。在对色彩的表现方面，杨景芝教授通过多年的教学实践研究发现：幼儿把色彩当作表达感情的语言，他们从不临摹自然，因而运用时不是立足于写实，而是象征性的表现。幼儿最初接触颜色，无法控制对色彩的迷恋、喜爱和表现之情，他们无拘无束地狂乱涂抹、挥洒表现，并用纯色、对比色表现，这是大多数儿童色彩画的特征。同时，由于幼儿受心理发育影响，空间思维能力大多处于平面空间思维阶段，色彩画也主要表现为色面的平涂，具有装饰性色彩表现特点。

那么如何根据幼儿认知色彩的心理与年龄特征引导幼儿欣赏作品中的色彩呢？

1.色彩的对比

画面色彩的对比涉及因素很多，如色相对比、明度对比、纯度对比、冷暖对比、面积对比、视觉感受中的同时对比等。笔者认为针对幼儿欣赏作品中的色彩，可以先从色彩的明度对比和冷暖对比入手，促使幼儿把握画面的基本色彩关系。

色彩的明度对比是指色彩的深浅对比。色彩明度包括两方面：一是指一种色的深浅差别；二是指不同色间的深浅差别，如黄色最亮，紫色最暗。引导幼儿观察并感知，画面的色彩生动与明确效果，是因为在邻接的色块之间拉开了距离。

色彩的冷暖对比是指色彩性质的冷暖倾向，它是检验人色彩感觉的尺度。一幅画如果只有明度变化而没有冷暖变化，画面色彩就会显得单调贫乏。教师可通过作品的欣赏，引导幼儿认识三原色与三间色，从而进一步认识到在冷暖对比中，最为强烈的是补色对比，也就是三原色与它相对应的三个间色的对比，如红与绿、橙与蓝、黄与紫。例如，梵高的《夜空》中橘黄色的月光、星光交相辉映，把深蓝色的夜空点缀得灿烂辉煌。

色彩的纯度对比是指色彩的纯净程度。三原色与三间色鲜明度最高，色感最强。绘画中降低色彩纯度的方法可以通过加白、加黑，或者用补色不等量相加的方法实现，又或者在三原色与三间色中适当调些复色也可以得到漂亮而和谐的色彩。例如，蒙德里安的《有红、黄、蓝、黑色的构图》，三原色的运用使画面纯净、明快。黑色的分割线条，给人以稳定、和谐之感。

色彩的面积对比是利用对比色面积的大小差别使画面色彩对比和谐。一般鲜明的纯色在画面上的面积不超过 1/3，其他部分主要用灰色调节。例如，康定斯基的《红色椭圆形》。

2.色彩的调和

色彩的对比与调和是互相依存的，减弱对比就能出现调和效果。在作品中运用同类色表现就会产生调和色调，例如，蒙德里安的《树》，就是运用不同的绿色进行表现画面，使画面色调和谐。

3.色彩的情感

色彩是最具感染力的美术语言。一幅优秀的作品倾注着艺术家的执着与对艺术的追求，在色彩上也带有许多主观的感受。但色彩对人类生理、心理的刺激所引发的情感是有许多共通之处的，依照这一规律，教师可以引导儿童理解和接受艺术家们用激情和生命所描绘的色彩。例如，暖色能引起人们对太阳、火光等的联想，给人以暖和的感觉；冷色，使人联想到天空、海洋等，使人产生寒冷的感觉；明度纯度都高的色彩给人以华丽的感觉；明度纯度都低的色彩使人感到朴实。艺术家们正是利用色彩的这些特征并结合其他艺术语言，创造出了富有感染力的艺术作品。

除了引导孩子欣赏名画外，在生活中适时地引导孩子欣赏身边的颜色，如园内、园外的风景，园内小朋友的作品，不同时候天空的颜色，小朋友高兴、生气时脸的颜色，节日的颜色等。随机地引导幼儿欣赏颜色，在欣赏中，潜移默化地提高其自身的色彩能力，获得丰富的美感体验。当然，幼儿色彩能力的提高远不止是让儿童学习一些名词术语和色彩知识，更重要的是使儿童能以自主精神去创造性地表现色彩。新《幼儿园教育指导纲要》指出："引导幼儿接触周围环境和生活中的美好的人、事、物，丰富他们的感性经验和审美情趣，激发他们表现美、创造美的情趣。"以新《纲要》为指导思想，在幼儿美术教学中，教师要把重点放在色彩的表现上，所以作为教师要对色彩有深切的认知，具备一定的色彩素养。利用幼儿自发和本能的感情冲动，引导孩子结合自己的体验运用色彩充分表达自己的感受。教师要按单元，有步骤地为幼儿设计能打动他们心弦的有趣课题，使他们在早期就获得丰富的色彩经验和充分表现其潜力的机会，成为能熟练驾驭色彩的主人。

二、线条小词典

（一）线条基础知识

1.线条的性质

在绘画中，线条的作用体现在两个方面，一是对物象轮廓、形体的描绘；二是线条自身的艺术表现。前者是"他律"的物象描绘性线条，后者是"自律"的情感表现和抽象表现性的线条。

（1）具象的线条：主要是为了填色而勾勒出物象的大体轮廓，它要表达的是内容，让人们辨认这是什么。

（2）抽象的线条：主要是为了表达情感而创作的线条，其中已灌输了精神内容，它要表达的是情感。

2.线的联想

线条	具象联想	抽象联想
直线	尺子、物品的边……	硬朗的、坚定的、不假思索的……
弧线	彩虹、拱形门……	圆润的、柔软的……
波浪线	海浪 、起伏的山……	变化的、不稳定的、兴奋的……
折线	锯齿、扇子……	固执的、顽强的、强硬的……
螺旋线	电话线、龙卷风……	迂回的、愤怒的、凌乱的……
蜗牛线	蜗牛、漩涡……	封闭的、收敛的、含蓄的……
虚线	下雨……	犹豫的、伤心的、谨慎的……
放射线	太阳的光芒……	奔放的、开放的、快乐的……

3.线条的情感表达

1）线条性质的情感表达

（1）凡属表示愉快感情的线条，无论其状是方、圆、粗、细，其迹是燥、湿、浓、淡，总是很流利，不做顿挫，转折也是不露拐角的。

（2）凡属表示不愉快感情的线条，就一再停顿，呈现一种艰涩状态，停顿过甚的就显示焦灼和忧郁感。

2）线条形态的情感表达

（1）直线最少装饰性，曲线具有装饰性，二者结合，使单纯的曲线多样化；波状线由两种弯曲的、相对照的线组成，更加吸引人。

（2）蛇形线是一种弯曲的并朝着不同方向盘绕的线，具有无限多样的变化，是富有魔力的线条。

3）线条个性的情感表达

在我们选择的欣赏作品中，梵高的绘画多弯曲、动荡的线条，反映画家本人急躁而冲动的品格；蒙德里安的画多冷静、准确的线条，则表现出艺术家的精确、理性、富于逻辑性的个性；康定斯基的画多奔放而有力的线条，则反映了这位艺术家火焰般的激情和热烈的性格。

（二）如何引导幼儿欣赏作品中的线条

前面我们介绍了线条的性质，那么我们就要通过各种途径和方法帮助幼儿了解、分析和理解这些线条在作品中的作用和意义。德国艺术家保罗·克利曾经有一句名言，"用一根线条去散步"，表明了线条并不单单是绘画的元素，更是一种情感的表达。线条在作品中既起到了装饰的作用，同时也表达了画家的丰富情感。幼儿对作品中线条的理解源于生活中经验的不断积累，所以学会欣赏之前，经验的积累也是必不可少的。首先，我们要多引导幼儿观察身边的事物，如自然界中线条的存在、花鸟树木中线条的粗壮与柔美、山云雨雪中线条的变幻与永恒、世界建筑中线条的造型与风格……其次，选择适宜的作品，可以帮助幼儿更多的认识和感受线条的作用。如米罗作品中的线条质朴而充满童趣；达利作品中的线条夸张而有想象；梵高作品中的线条奇幻且奔放；蒙德里安的线条秩序感十足……其实，我们最终的目的，是丰富幼儿对线条的认知经验，同时能够不受任何约束地，用自己的内心去感受线条在作品中的运用，从而获得美的感受。

三、构图小词典

（一）构图基础知识

构图是指画家为了表现作品的主题思想和美感效果，在一定的空间，安排和处理人、物的关系和位置，将个别或局部的形象组成艺术的整体。

1.构图的几种审美原则和规律

（1）平衡是左与右、上与下、前与后、中心与周围以及整体中各部分在视觉感受上的均衡稳定关系；

（2）比例是整体与局部、局部与局部、整体与环境的大小、宽窄、长短等数量关系；

（3）对比是造型形式不同因素的并列，有鲜明、醒目的效果；

（4）调和是造型形式中相近因素的并列，给人以平静、含蓄、闲雅的感觉；

（5）节奏是线条、形状、色彩、明暗等因素有秩序、连续性的强弱变化；

（6）多样统一是在杂、差异、变化中达到整体的和谐。

2.构图的情感表达

绘画中的构图同样有极强的情感意义。水平式的构图常常暗示着安闲、和平、宁静；倾斜的构图常蕴含着动的趋势；金字塔式的构图常暗示稳固、持久；锯齿形的构图常饱含着痛苦和紧张；倒三角式的构图则显示出不稳的危机；圆状的构图常暗示着圆润、完满。而将这些不同的构图形式进行综合性的组合，进行交错、对比，就能唤起崇高、升腾、庄严、悲壮、坚实、挺拔、优美、温柔、萎缩、紧逼、寒冷、凄凉等情感。

（二）如何引导幼儿欣赏作品中的构图

幼儿年龄不同，他们对于构图所呈现出的美感与内涵的理解也是不同的。所以根据不同年龄段的幼儿，我们要选择与之相适应的作品，引导其进行欣赏。如 3~4 岁的幼儿，本身绘画还处于涂鸦期，构图也以散点式构图为主，在他们的画面中没有主次，没有中心。所以我们可以多提供米罗的作品让幼儿欣赏，感受"凌乱"中的美，感受随意的自由与洒脱，感受散落的美的元素。对于小小的他们无需解释太多，让他们感受与他们绘画风格接近的大师的作品，成就他们创作中的自信是很重要的。4~5 岁的幼儿，逐步有了规则意识和秩序感，这个时候我们可以引导他们初步感知简单的构图形式，如蒙德里安的"构图"系列，引导幼儿感受画面中秩序的美和规律的美。5~6岁幼儿，开始有了初步的空间感，逐渐理解了一些近大远小的关系，知道了空间的概念，知道物体即使被遮挡了，也还是存在的。这个年龄段我们可以引导他们多欣赏一些空间感、画面感较强的，画面构图比较有层次丰富的作品。如梵高、修拉、莫奈的作品。

四、技法小词典

（一）技法的基础知识

1. 明暗知识与表达

明暗包括两个方面的含义，其一是由光的照射产生的明暗关系，是绘画依据侧射光现象表现物体立体感、空间感，属于立体表现法；其二是由物体固有色产生的轻重关系，是依据正射光现象来表现物体的质感，属于平面表现法。

2. 笔触知识与表达

笔触是画家在作品中呈现的形状多样的用笔痕迹，它是绘画区别于照片和其他艺术形式的重要特征之一。它可以帮助画家在艺术创作中增加绘画性，提高空间感、体积感、质感和艺术风格等方面的表现力。

笔触在绘画中有很多不同的表现样式，有的笔触长，有的短；有的用点，有的用线；有的呈面状；有的顺结构而行或逆结构而行；有的采取渐变的手段，有的采取并置的方式；有的含色丰富，有的含色单一。每一个画家都有对自身表现技法的追求，把自己的感情倾注在作品的每一笔中，形成自己的绘画风格。

3. 肌理知识与表达

绘画肌理主要指画面处理的质地效果，是创造各种画面效果、塑造多种形象的重要手段，也是画家个性风格的体现。肌理的展现途径包括：画布的选用，底子的处理，颜色的调配，笔法、刀法的运用。

（二）如何引导幼儿欣赏作品中的技法

技法是画家运用多种材料和不同的表现手法表现作品的能力。幼儿通过对作品中技法的欣赏，能学会更具有创造性地运用更丰富的材料来表现自己的作品，并了解多种绘画方法。教师在选择欣赏作品时，要注意作品的材料是否有新意、绘画的方法是否有特点、笔法的运用是否具有独特的表现力。如米罗的《五月》，整个画面没有画的感觉，只有颜色的喷洒与堆积，但这幅作品表达了强烈的情绪和情感；修拉的《山崖》，画面中没有具体的线条与色块，但点彩的画法营造了画面的朦胧美；马蒂斯的《国王的悲伤》，用剪纸的方法，表现了夸张并充满视觉冲击力的绘画作品。总之，对于这些作品，我们可以引导幼儿观察画面中使用的材料、画家笔法的运用以及肌理表现的独特性，帮助幼儿对绘画作品有充分的深入了解和认识，通过技法的分析更准确地表达自己的思想。

五、国画小词典

（一）国画的基础知识

中国画重视笔墨，以线作为塑造形象的基本手段，通过墨色的浓、淡、干、湿的微妙变化，发挥构图的主观能动性，并将诗、书、画、印完美结合，达到优美的绘画艺术效果。

1.笔墨线条

传统画以毛笔为工具，用笔因轻重缓急不同，笔锋不同（中锋、侧峰、藏锋、露峰），笔画性质的不同（方笔、圆笔、肥笔、瘦笔、疾笔、涩笔）而表现出微妙的审美意味。当画家用画笔画过纸张时，标出了空间的界限，同时也表现着时间的流动，画家的感觉和情感也随之而凝聚在画面上。

元代大画家倪云林的线条，枯涩中见丰润，疏荡中见遒劲，表现了画家的飘逸和空灵。晋代顾恺之的线条，简约娴静，反映了画家内向、深思的性格。唐代吴道子的线条，豪放飘洒，用力错落，反映了画家奔放、雄浑的气质。

国画讲究用笔和用墨巧妙结合，相互辉应。画中的色彩既不是环境色，也不完全是固有色，而是更多带有主观创造，其中既有灿烂艳丽的青绿金碧，又有朴素淡雅的水墨浅绛。如齐白石的绘画，五彩绚丽并非自然模仿，水墨勾染也并不单调。

2.国画构图

中国传统绘画的构图不像西洋画那样采取静止的焦点透视，而常常是大胆自由地打破时间、空间限制，在处理构图时常使用鸟瞰式的观察方法和左右移动视点的独特方式，以及高度提炼概括的手法，来处理纷呈繁复的自然现象，因而产生了气势磅礴的《长江万里图》，景色连绵的《千里江山图》。

中国画的构图，更是以立意、气韵为根本的出发点和归宿。重视情势，讲究画面物象内在联系上的贯通；在位置的经营上，讲究环环相扣、节节相连，从内外两个方面形成一种连贯又起伏的情感节奏。如宋代张择端的《清明上河图》，在构图上，有序曲、高潮、尾声，形成了鲜明的情感节奏，抒发了作者的主观情思。

3.诗书画印完美结合

诗、书、画、印的完美结合展现了中国画的独特美。一幅优美的国画，不仅要体现出笔墨构图的完美，还要有诗一般凝练而富有感情色彩的形象和意境。画家要重视修养，注重书画题跋，以诗文抒发情感，唤起观者的联想和共鸣，使画面境界因诗而丰富、提高。

国画从一开始就不单纯拘泥于外表形似，更强调神似。形似只有外表的逼真，神似才能表现出内在的本质精神。

（二）如何引导幼儿欣赏国画

国画的欣赏对于幼儿来说还是有一定难度的，它更强调情趣和意境，更注重观者的心境和感受，也更多地体现了对生活的热爱和细微的观察。我们在引导幼儿欣赏国画时，更应关注它的大气与内敛，以及它对于空间的似有似无的表达方式和它浓墨淡彩对于事物的生动表现手法。如《牧牛童》中牧童那闲适恬淡的生活状态；《灯鼠图》里一动一静两个形象的鲜明对比；《群虾图》中大量的留白对于水的想象……所以，国画的欣赏，更多的是感受它的独特的表达方式和表现形式。

第三节 大师作品的艺术解析

儿童美术欣赏的性质与一般的鉴赏是有区别的。儿童偏重于从感性层面来认识艺术作品，对自己喜爱的作品加以欣赏和赞美。对作品的背景知识、艺术基本要素只限于在教师的点拨下有所关注。为儿童选择艺术欣赏作品必须遵循高度艺术性与儿童可接受性相结合的原则，要选择典范性的美术作品作为欣赏对象。19世纪德国著名作家、美学家歌德说过："鉴赏力不是靠观赏中等作品，而是要靠观赏最好的作品才能培育成的。"中国古语中也有"取法于上，仅得为中；取法于中，故为其下"

的说法。同时，教师也要考虑儿童的兴趣和理解能力，使之符合儿童的生活经验。

本课题作品一共选择了 120 余幅作品，涉及 13 位画家，下面主要从这些画家及其作品的主要风格特色进行简要介绍。

一、妙在似与不似之间——齐白石

齐白石（1864~1957），湖南湘潭人，20 世纪中国画艺术大师，20 世纪十大书法家之一，世界文化名人。齐白石于 1864 年元旦出生于湘潭县白石铺杏子坞，1957 年 9 月 16 日病逝于北京，终年九十四岁。他幼时家道贫寒，只读过短暂的私塾，十五岁起从师学木工而以雕花手艺闻名，自四十岁起，离乡出游，五出五归，遍历陕、豫、京、冀、鄂、赣、沪、苏及两广等地，饱览名山大川，广结当世名人，五十五岁避乱北上，两年后定居北京。

齐白石的作品，来源于生活，却又高于现实生活，主张艺术"妙在似与不似之间"，他画的虾，寥寥数笔，既具有虾的特点，又强调了虾的神采，一笔水也不画，但又却是水中游动的虾。

在表现内容上，有了跃然纸上的墨虾，有了美丽的小鸟、蜻蜓、毛茸茸的小鸡，有了千姿百态的牵牛花、荷花，有了不入流的大白菜……贴近生活，表达了对生活的热爱。

在色彩上，大胆突破，创造了红花墨叶一派，进一步强化了色彩的表现力。他保留了中国画以墨为主的特点，同时以其他明亮色彩点缀其间，使画面亮丽夺目，格外传神。

在表现形式上，创造了工写纳于一纸的齐家样，即花木枝干粗放，形简到极致，但物形又在其中，而虫草十分工谨，细到纤毫必现。

齐白石以其纯朴的民间艺术风格与传统的文人画风相融合，达到了中国现代花鸟画的最高峰。

二、随着牧童去游荡——李可染

李可染（1907~1989），中国现代中国画家。1907 年生于江苏省徐州市，1989 年 12 月 5 日卒于北京。擅山水、重写生，醉心于民族传统绘画的研究与创作，并将西画中的明暗处理方法引入中国画，将西画技法和谐地融化在深厚的传统笔墨和造型意象之中，取得了杰出的成就，形成了自己的独特风貌。

李可染的山水画重视意象的凝聚。他强调作山水画要从无到有，从有到无，即从单纯到丰富，再由丰富归之于单纯。他借助于写生塑造新的山水意象，由线性笔墨结构变为团块性笔墨结构，以墨为主，整体单纯而内中丰富，浓重浑厚，深邃茂密。他的画多取材于江南与巴蜀名山大川，因而熔铸了他风格中的幽与秀。纯朴、醇厚的北方素质又使他的风格融入了朴茂深沉。他又将光引入画面，尤其善于表现山林晨夕间的逆光效果，使作品具有一种朦胧迷茫、流光徘徊的特色。

李可染的《牧牛图》像一首质朴的田园诗，人物造型质朴洗练，情意相呼，画家用大面积的水墨树木淋漓尽致地表现了一种"写意"的笔墨形式美，整幅作品充满意趣。

《万山红遍》为了表现"层林尽染"的"红遍"的意境，大胆使用了朱砂，朱磦颜色，恰与黑墨白纸相映生辉，画法采用了积色法，局部有如油画的笔触与肌理，但在山的轮廓、房舍的边线、树的枝干等处又保留了传统笔墨的特点，体现了他融合中西而突出传统的主张。

三、风筝不断线——吴冠中

吴冠中（1919~2010），我国著名的画家、美术教育家，是旧中国最后一批去法国留学的画家之一，也是新中国第一批从西方回国报效祖国的画家之一。1919年出生于江苏宜兴。吴冠中在美术创作和美术教育上取得了巨大成就，致力于油画民族化和中国画现代化的探索，在海内外享有很高声誉。1992年3月，历史悠久的大英博物馆，这个举世闻名的艺术圣殿，为吴冠中举办画展，这是该馆第一次为在世的东方画家举办隆重的画展。吴冠中的早期画作多以江南水乡为题材，画面充满诗意，他特别重视点、线、面的结合与搭配。吴冠中曾说过："我的画是将西画的优点表现在中国画之中。我画的点和线，每一笔都包括了体面的结构关系。画中的点和线，不管是大点小点、长线短线，在运用上是严格的，都不是随便乱摆上去的，有时一点不能多也不能少，点子多了对画面无补，我都想办法将他遮掉。对线的长短也是如此，都不是随便画上去的，要恰到好处。"

吴冠中先生长期致力于视觉艺术形式美感的研究与探索。他的抽象绘画作品一向被认为极富音乐美感。他非常注重画面中点、线、面的组合与搭配，以及色彩的情感表现所形成的强烈的形式感，而造成这种形式感中内涵的节奏感和韵律感，又给观众以强烈的音乐美的动感享受。

四、燃烧激情的漩涡——梵高

梵高（1853~1890），后期印象画派代表人物，是19世纪人类最杰出的艺术家之一。他热爱生活，但在生活中屡遭挫折，备尝艰辛。梵高全部杰出的、富有独创性的作品，都是在他生命最后的六年中完成的。他最初的作品，情调常是低沉的，可是后来，他大量的作品即一变低沉而为响亮和明朗，好像要用欢快的歌声来慰藉人世的苦难，以表达他强烈的理想和希望。一位英国评论家说："他用全部的精力追求了一件世界上最简单、最普通的东西，这就是太阳。"他的画面上不单充满了阳光下的鲜艳色彩，而且不止一次地去描绘令人无法逼视的太阳本身，并且多次描绘向日葵。

《向日葵》就是在阳光明媚灿烂的法国南部所作的。画家那闪烁着熊熊的火焰，满怀炽热的激情令运动感和仿佛旋转不停的笔触是那样粗厚有力，色彩的对比也是单纯强烈。然而，在这种粗厚和单纯中却又充满了智慧和灵气。观者在观看此画时，无不为那激动人心的画面效果而感动，心灵为之震颤，激情也喷薄而出，无不跃跃欲试，共同融入到梵高丰富的主观感情中去。总之，梵高笔下的向日葵不仅仅是植物，更是带有原始冲动和热情的生命体。

梵高在谈到《夜晚的咖啡馆》时说："我试图用红色和绿色为手段，来表现人类可怕的激情。深绿色的天花板、血红的墙壁和不和谐的绿色家具，营造出咖啡馆令人不安的气氛。"

梵高的宇宙，可以在《夜空》中永存。《夜空》是一幅既亲近又茫远的风景画，这可以从高视点风景手法上看出。高大的白杨树战栗着悠然地浮现在我们面前；山谷里的小村庄在尖顶教堂的保护之下安然栖息；宇宙里所有的恒星和行星在"最后的审判"中旋转着、爆发着。这不是对人，而是对太阳系的最后审判。这幅作品是在圣雷米疗养院画的，时间是1889年6月。他的神经第二次崩溃之后，就住进了这座疗养院。在那儿，他的病情时好时坏，在神志清醒而充满了情感的时候，他就不停地作画。色彩主要是蓝和紫罗兰，同时有规律地跳动着星星发光的黄色。前景中深绿和棕色的白杨树，意味着包围了这个世界的茫茫之夜。

《加歇医生肖像》作品以蓝色为基调，撑着头的姿势和忧郁的眼神，和大片的深蓝与黑线条，烘托出一种紧张与悲伤的氛围，同时也预告画家的生命即将结束。

《群鸦乱飞的麦田》这幅画上仍然有着人们熟悉的他那特有的金黄色，但它却充满不安和阴郁感，乌云密布的沉沉蓝天，死死压住金黄色的麦田，沉重得叫人透不过气来，空气似乎也凝固了，一群凌乱低飞的乌鸦、波动起伏的地平线和狂暴跳动的激荡笔触更增加了压迫感、反抗感和不安感。画面极度骚动，绿色的小路在黄色麦田中深入远方，这更增添了不安和激奋情绪，这幅画面处处流露出紧张和不祥的预兆，好像是一幅色彩和线条组成的无言绝命书。就在第二天，他又来到这块麦田对着自己的心开了一枪。

五、非常印象非常美——高更

高更（1848~1903），与塞尚、梵高同为美术史上著名的"后期印象派"代表画家。他的绘画，初期受印象派影响，不久即放弃印象派画法，追求东方绘画的线条、明丽色彩的装饰性。这位充满传奇性的画家，最令我们感动的是他在1891年3月，厌倦巴黎文明社会，憧憬原始与野性未开化的自然世界，向往异乡南太平洋的热带情调，为追求心中理想的艺术王国，舍弃高收入职业与世俗幸福生活，远离巴黎，渡海到南太平洋的塔西提岛（Tahiti夏威夷与新西兰之间的法属小岛），与岛上土人生活共处，并与土人之女同居。在这阳光灼热、自然芬芳的岛上，高更自由自在地描绘当地毛利族原住民神话与牧歌式的自然生活，强烈表现自我的个性，创作出他最优异的油画，同时写出《诺亚·诺亚》名著，记述大溪地之旅神奇的体验。

他画中那种强烈而单纯的色彩，粗犷的用笔，以及具有东方绘画风格的装饰性，与他在大溪地岛上描绘原始住民的风土人情的内容结合在一起，具有一种特殊的美感。

《塔马泰特》描绘了市集的一角，构图用色朴实无华，黄橙蓝甚至搭配起来突出显眼的红绿互补色，全都跳跃于灰底之上，强烈明快，原始而热烈。

《塔西提少女》描绘的是在塔西提这个岛上，劳动妇女生活的一个场景。画面中心两个坐在海边沙滩上的塔希提女人形象，给人以一种平衡、庄严感。为了突出这种特定的风土人情，高更采用的是近于古埃及壁画的平涂手法，故意显露单线平涂的稚拙结构形式。画上的两个人物极富东方色彩的趣味。大面积平涂色块的装饰画法，使土著人民在强烈的阳光下晒成的棕褐色皮肤，与鲜艳的裙子构成了鲜明的色彩对比。这一幅《塔希提少女》具有单纯的"原始之美"的特点。在这里，透视远近法没有了，色彩是经过整理和简略的，人物也缺乏立体感，但这一切所构成的色调是令人兴奋的。它的装饰性带来了一种粗犷的部落生活气息。海岛上的浓郁色彩和土著人的纯朴劳动生活与性格，着实给高更的画带来了特殊的风采。

六、用色点拼合的世界——修拉

修拉（1859~1891），法国新印象主义的重要代表人物。新印象派流行于1880年以后的一段时间，是印象主义的一个支派，把印象主义关于绘画色彩的技法，发展到一个极端。新印象派主张不在调色板上调色，而是以原色的小色点排列或交错在画面上，让观众眼睛自己去起调色作用，这样，画面形象完全是用各种原色点子所组成。因此这一画派也称为"点描派"或"分割画派"。

《大碗岛的星期日》是修拉发表新技法的宣言，这幅作品整整花了修拉一年工夫来点他的圆点。这幅画完全采用分割画法，画面描绘了在一个初夏的星期日，男男女女在巴黎郊外的大碗岛愉快度假的情景。画面着重描绘河边园林景色，前后景中大块暗绿调子表示阴影，中间夹着一块黄色调子的亮部，表示出午后强烈的阳光。由于画面全部用小色点描绘烘托出形体，所以，男女人物、树木和草地的形象，都显得模糊朦胧。在画面中，共有40个人物，每一个形象都是画家经过千锤百炼概括而成。他们好像彼此毫无关系地被摆放在一起，但画面整体洋溢着一种宁静而幽雅的秩序美。

七、朴素艺术的棋手——卢梭

卢梭（1844~1910），法国卓有成就的画家。他用那纯真无瑕的眼睛去观察世界和感受生活的真谛，这使他的画具有强烈而鲜明的个性。卢梭的创作热衷于创造一个幻想的世界，他的艺术很难归到哪一派，但他的画法属超现实主义。他似乎总是生活在一个梦幻的世界里，这种与生俱来的爱幻想的天真性格，使他的画具有原始童话般的魅力。他的画不是视觉意象，不是真实的物质世界，而是他在头脑中重新构建的图景。画中形与色的奇特的秩序，包容着过去、现在和未来的抽象时空，神秘宁静的光线等，它们都像儿童的梦想一样愉快、透明、虚幻。如卢梭的《丛林组画》，在丛林中，树干、花朵、叶子、果实各具特色，人和动物自然而隐约存在其中，动物看上去有人的灵性，人看上去又像动物，植物也富有生命力，像真的似的。这些画都充满了生机，茂密的森林占满了画面，奇异的花和果实，可爱的、富有灵性的动物，神秘的人，构成了一幅生机勃勃的丛林奇景图，深深地吸引着观者的目光，引起人们对热带丛林的遐想和向往。在他超凡的想象力之下，丛林被描绘得如世外桃源的仙境一般，亦真亦幻，十分迷人。画面的色调明快，以深色的绿色调为主，单是树叶就用了 20 多种深浅不一的绿色。

卢梭热爱生活，能从平凡的事物中看到美好，塞纳河、码头、大桥、林荫道等这些司空见惯的景物都深深地吸引着他，他从来感受不到现代工业文明带给人的压力，在他的笔下永远是宁静、轻松的星期天。

八、画布上的乐师——康定斯基

康定斯基（1866~1944），现代艺术的伟大人物之一。现代抽象艺术的理论和实践的奠基人。康定斯基的早期绘画，历经了印象主义和新艺术运动装饰等各个阶段，但都以对色彩的感受为特征，许多是以叙事的童话性为特点。这些童话，是他早年所感兴趣的俄罗斯民间故事和神话。大约在 1910 年，他画了一幅粗野、激荡，色彩和线条形状相互穿插的水彩。从这幅画开始，他给了这一类型的绘画以原动力。他运用了与音乐相类似的性质，发现了抽象表现主义的课题，这个课题就是"艺术家的意图"，要通过线条和色彩、空间和运动，不要参照可见自然的任何东西，来表明一种精神上的反应或决断。主要作品均采用音乐名称，诸如《乐曲》《即兴曲》《构图 2 号》等。代表作组画《秋》《冬》均用抽象的线、色、形的动感、力感、韵律感和节奏感来表现季节的情绪和精神。

1921 年以后，康定斯基因受至上主义和构成主义的影响，创作又由自由的、想象的抽象，转向几何的抽象，代表作如《白色的线》等。在以后的年间，他曾试图把抒情的抽象和几何的抽象有机结合起来，在几何形的结构与造型中，配以光和色，既充满幻想、幽默，也具有神秘色彩。

九、走进垂直水平的世界——蒙德里安

蒙德里安（1872~1944），荷兰画家，风格派运动幕后艺术家和非具象绘画的创始者之一，对后代的建筑、设计等影响很大。其作品以几何图形为绘画的基本元素，呈冷抽象特色。

早期大量作品风格介于印象主义和后印象主义之间。20世纪20年代初开始从事纯几何形的抽象创作，在平面上把横线和竖线加以结合，形成直角或长方形，并在其中安排原色红、蓝、黄及灰色。他认为艺术是一种净化，只有用抽象的形式，才能获得人类共同的精神表现。蒙德里安是立体派的代表人。他崇拜直线美，主张透过直角静观万物内部的安宁。

《百老汇爵士乐》是蒙德里安在纽约时期的重要作品，也是其一生中最后一件完成的作品，它明显地反映出现代都市的新气息。依然是直线，但不是冷峻严肃的黑色界线，而是活泼跳动的彩色界线，这些界线由小小的长短不一的彩色矩形组成，分割和控制着画面。依然是原色，但不再受到黑线的约束，它们以明亮的黄色为主，并与红、蓝间杂在一起形成缤纷彩线，彩线间又散布着红、黄、蓝色块，营造出节奏变换和频率震动。看上去，这幅画比以往任何一件作品更为明快和亮丽。它既是充满节奏感的爵士乐，又仿佛夜幕下办公楼及街道上纵横闪烁的不灭灯光。这是蒙德里安艺术生涯的最后一个新发展。

十、野兽之子——马蒂斯

马蒂斯（1869~1954），与毕加索是20世纪最重要的两位画家，出生在法国北部。马蒂斯的绘画风格是用简捷的线条和鲜明的色彩塑造出他所构想的一切，他是野兽派当之无愧的领军人物。但"野兽派"时期只不过是马蒂斯艺术生涯中的一个短暂时期，他的独特风格主要是在"野兽派"时期之后渐渐形成的。马蒂斯认为艺术有两种表现方法；一种是照原样摹写；一种是艺术地表现。他主张后者。马蒂斯一生

都在做着实验性探索，在色彩上追求一种单纯原始的稚气。他向东方艺术吸取了许多平面表现方法，画面富于装饰感。在学习东方艺术的过程中，他从原来追求动感、表现强烈、无拘无束，渐渐发展成追求一种平衡、纯洁和宁静感。

在创作《戴帽子的妇人》时，马蒂斯在形式上进行了舍弃，他将颜料不分青红皂白地铺在画面上，不仅仅是背景和帽子，还有这位妇人的脸部、她的容貌，都是用大胆的绿色和红色的笔触，把轮廓勾勒出来的。色彩鲜明，对比强烈，与传统的写实色彩截然不同，就像他说的："色彩的目的，是表达画家的需要，而不是看事物的需要。"

马蒂斯是一个善于摄取各种艺术门类的优点的人，他研究东方地毯和北非景色的配色法，发展成一种对现代设计有巨大影响的风格。著名的《红色中的和谐》抛弃了传统的透视，用色彩关系以及蔓藤花纹的暗示来建立新的空间幻觉，创造了一种充满异国情调的、神秘奇特的新境界。

《舞蹈》创作于1909~1910年，马蒂斯在创作时，把模特儿带到地中海岸边，他认为这幅作品跟地中海给他的喜悦情绪紧密相连，画中背景的蓝色，寓意着仲夏八月南方蔚蓝的天空，一大片绿色让人想起翠绿的草地，人物的朱砂色则象征着地中海人健康的棕色身体．在这幅狂野奔放的画面上，舞蹈者似乎被某种粗犷而原始的强大节奏所控制，他们手拉着手围成一个圆圈，扭动着身躯，四肢疯狂的舞动着．作品体现了画家对线条、色彩与空间关系的探索。

马蒂斯在晚年通过彩色剪纸来试验色彩关系。他为书籍作插图，或进行室内装饰，运用这一独特形式，取得了优美的装饰效果。马蒂斯晚年的艺术是极其简练的，带有平面装饰性的艺术之感。

十一、平面的立体世界——毕加索

毕加索（1881~1973），20世纪西方最具影响力的艺术家之一。他一生留下了数量惊人的作品，风格丰富多变，充满非凡的创造性。毕加索生于西班牙的马拉加，后来长期定居法国。毕加索是个不断变化艺术手法的探求者，印象派、后期印象派、野兽的艺术手法都被他汲取改选为自己的风格。他的才能在于，在他的各种变异风格中，都保持了自己粗犷刚劲的个性，而且在各种手法的使用中，都能达到内部的统一与和谐。

《亚维农的少女》这幅不可思议的巨幅油画，不仅标志着毕加索个人艺术历程中的重大转折，也是西方现代艺术史上的一次革命性突破，它引发了立体主义运动的诞生。在这幅画上，不仅是比例，就连人体有机的完整性和延续性，都遭到了否定，因而这幅画"恰似一地打碎了的玻璃"。但这种破坏却显得井井有条：所有的东西，无论是形象还是背景，都被分解为带角的几何块面，这些非同寻常的块面，使画面具有了某种完整性与连续性。 从这幅画上，可看出一种在二维平面上表现三维空间的新法，这种画法彻底打破了自意大利文艺复兴之始的五百年来透视法则对画家的限制。

油画《格尔尼卡》是毕加索作于 20 世纪 30 年代的一件具有重大影响及历史意义的杰作。画中表现的是 1937 年德国空军疯狂轰炸西班牙小城格尔尼卡的暴行。公牛象征强暴，受伤的马象征受难的西班牙，闪亮的灯火象征光明与希望……在构图上：画面正中央，不同的亮色图像互相交叠，构成了一个等腰三角形；三角形的中轴，恰好将整幅长条形画面均分为两个正方形，相互平衡。另外，全画从左至右可分为四段：第一段突出显示了公牛的形象；第二段强调受伤挣扎的马；第三段中最显眼的是"自由女神"；而在第四段，那个双臂伸向天空的惊恐的男子形象，一下子就把我们的视线吸引，其绝望的姿态使人过目难忘。毕加索以这种精心组织的构图，将一个个充满动感与刺激的夸张变形的形象，表现得统一有序，既刻画出丰富多变的细节，又突出与强调了重点，显示出深厚的艺术功力。

《哭泣的女人》画的人物虽然脸色怪异，面目扭曲，但还是能够辨认出是一名哭泣的长发女子。毕加索运用独特的描绘方式，将女子的头部变形，眼睛夸大，手部曲折，这些都强化了女子伤心哭泣的感觉。

《镜前少女》由有趣的几何形构成。画中以强烈的阿拉伯式花纹为背景，从多视点出发，捕捉了镜前模特儿身体各部位的轮廓，用圆与曲线、通过立体主义语言将它们作了表述，这幅画的色彩图案和线条具有韵律感，少女的各个局部都被予以几何化，并规范成各种圆形：圆形的脸、镜子、胸部、臀部，和圆形镜子中的反映物，镜中境外的圆形构成等，成了富有装饰趣味的圆形图案。这是一种奇特的人物形象，独特的画面结构，充满了浓郁的抒情意味。各种形象充满童趣质朴，用笔抽象概括又不失轻松。以粗细不均的黑色线条以及对比鲜艳互补色——红与绿、黄与紫来铺陈，色彩丰富跳跃。

十二、只有星星在唱歌——米罗

米罗（1893~1983），西班牙画家，20世纪绘画大师，超现实主义绘画的伟大天才之一。超现实主义强调梦幻、联想和象征的画面效果和含义，米罗的超现实主义绘画具有鲜明的个人风格：简略的形状、强调笔触的点法、精心安排的背景环境与色彩，奇思遐想、幽默趣味和清新的感觉。米罗简单之极、天真之极，他在现代艺术中占有一席不是最高的，然而却是无人争夺的地位；这就是他全部的人格和艺术的魅力所在。

他艺术的卓越之处，并不在于他的肖像画或绘画结构，而在于他的作品有幻想的幽默——这是其中一个要素。另一个卓越之处就是，米罗的空想世界非常生动。他的有机物和野兽，甚至他那无生命的物体，都有一种热情的活力，使我们觉得比我们日常所见更为真实。

观看米罗绘画，我们会发现其与儿童绘画有着一定的相似性。这种特征使得米罗与儿童绘画结下不解之缘，超现实主义的评论家也认为米罗是位"把儿童艺术、原始艺术和民间艺术揉为一体的大师"。

十三、挥洒激情的热度——波洛克

波洛克（1912~1956），美国抽象表现主义画家。是抽象表现主义的先驱，是20世纪最有影响力的艺术家之一，作为美国抽象表现主义的代表人物，他执着于追求艺术情感的真实表达，并勇于尝试一切有助于情感表达的绘画形式，最终以极富挑战的行动绘画创造出自由不羁的抽象表现主义新作，从而成为20世纪美国最有影响力的艺术家之一。在其作品恒久魅力的背后，是深藏在线条交织与色彩碰撞中的强烈情感表现以及勇于突破传统的挑战精神。

波洛克行动绘画的创作过程很奇特，其一般程序是：把画布钉在地板上，像踏着舞步似地围着画布走动，用棍棒蘸上油漆，任其在画布上滴洒。他还摒弃画家常用的工具，并且将沙、玻璃碎片或其他东西掺杂在颜料里面，使其成为稠厚的流体。

他的滴洒是一种不受控制的直觉行动，富有形体、轮廓线的压力和韵律变化。画布的每一部分都承受同等的份量，他创造了一个均匀的、没有高潮的表面，迫使眼睛在他缠结的网和团状颜料迷宫似的小径中，不断地寻觅扫视和不断地往返不息。他说，他的创作是潜意识的冲动，"当我画画时，我不知道在画什么，只有以后，我才看到我画了什么"。

纵观波洛克的的作品，我们不难发现，抽象的波纹、漩涡纹线条以及"滴画"中自由不羁的多变线条是其作品中常出现的元素，完整的人物形象在他的作品中出现的并不多。在波洛克的很多作品中，我们无法看到对象的真实特征，更多看到的是那种几乎要喷发而出的强烈情感。这一点在后来甚至可以看作是他艺术成功的特色所在。

第三章

幼儿美术欣赏教育经验分享

第一节 幼儿园美术欣赏教育新途径的探索与构建

——区县教研工作经验

一、引言

21 世纪，《幼儿园教育指导纲要》的精神，无疑成为了幼儿园教育指导工作过程中最缜密、最科学、最具法律意义的纲领与指南，是幼儿园教育与管理工作的指导方针。在现代大教育观与儿童观的影响下，审视结合《幼儿园教育指导纲要》精神和北京市贯彻《幼儿园教育指导纲要（试行）》实施细则，与其孕育着幼儿园五大领域教育的《幼儿园快乐与发展课程》，从精神到实践层面，都对幼儿园教师的教学行为提出了许多新的要求，正是基于这一前提，教师教学技能及多元化认知经验的储备与内涵，自然也要发生许多根本的发展与变化。

笔者是长期深入幼儿园教育教学一线的教研员，近几年来，从教研、实践的角度思考了幼儿园的领域课程，从首届北京市教师基本功大赛的初战告捷，到对全区学科研修组的成立之初的前期调研，深切地感受到了幼儿园教师对新《纲要》精神理解的渴求及现实教育技能之间的差异与困窘，尤其是基于美术（欣赏）课程与教育的现状与实践。例如，在很多幼儿园中，美术教学仍然维持在一堂美术课中，教师要求幼儿画一幅与范画相同的画的教学模式，画面的形式、内容与范画大同小异，活动设计基本固定思路，以教师的主动活动为主，很多教师还以"像不像""对不对""好看不好看"来评价幼儿作品。这样的教学无疑束缚了幼儿艺术感知的发展，对幼儿的审美能力、创造能力均起不到良好影响。

二、分析，困窘、焦灼与思考

（一）基于现状的分析

追究上述教学现状的原因，不难分析梳理出以下几点：

（1）教师在日常生活中，对幼儿直觉思维发展不重视，更多关注的是逻辑思维的培养，疏于对幼儿观察力、直觉力、想象力的培养。

（2）教学过程中，教师受固有的教学经验、现有教材与课程模式制约，注重教学结果和单纯美术技巧的学习，忽视激发幼儿的情绪情感及艺术感受力的培养。

（3）从教师专业属性以及教育技能上，远不能以更专业的视角、技能为幼儿美术（欣赏）教育的发展开启新的契机。

正是鉴于以上的因素，造成幼儿园美术（欣赏）教学活动囿于一般的课程模式，难以从现有的幼儿园美术（欣赏）课程上开拓创新、突破。

（二）直面现实的困窘与焦灼

对于有着多年教研实践，并始终与一线教师保持密切接触的笔者，深深地了解，面对着与时俱进的新理念、新时期的美术教育，教师们内心何曾不面临着新观念的冲击与内心的种种困窘与焦灼：

（1）在幼儿园美术（欣赏）教学中，教师指导的意义是什么，教师指导的程度是多少，在幼儿美术（欣赏）活动中教师到底要追求什么？

（2）教师如何对幼儿园美术（欣赏）题材内容进行选择？教师可以让幼儿从美术作品中看到什么？看到作品后，教师可以让幼儿表达什么？

（3）凭心而论，面对美术欣赏教育专业所涉及艰涩难深的专业术语用怎样的语言传达给幼儿，到底有多少新观念、技能，需要教师们去掌握提高。这么多技能，教师从何入手？怎样才能使教师具备更加专业的美术（欣赏）素养与教育执行能力？

（4）从美术（欣赏）教学的课堂模式上——教师仅仅固有的教学技能够不够？淡彩浓墨，范画漂亮美观——到底教师缺失了什么？传统的教学技能与新的教学技能的关系是什么？

（三）思考

美术（欣赏）教育的新技能"新"在何处？教师个人专业技能突出，教学内容符合幼儿的年龄特点。从理论上说，这依然是一位教师的基本教学技能，那这种基本教学技能发生了什么变化？我们是否可以尝试改变？如何改变？变的应该是立场，是角度——从幼儿发展的立场出发，重新建构幼儿园美术（欣赏）教育的学习途径与教师的专业水平与基本技能。

三、实践与体会

正是基于对当今教学现状的思考，对一线教师的困惑与焦灼的理解，多位教研员和一线教师组成科研团队，在海淀区艺术领域学科教研组的活动中，不断潜心研究分享课题研究成果、体验课题研究过程、接受课题专家指导，得到了丰厚的经验体会。

作为区级的学科研究指导组，我们依据《幼儿园教育指导纲要》的思想，以幼儿园美术教育目标为指导思想，从北京市幼儿园美术欣赏课题组的研究成果中，提取了较为突出的实践案例。以学科领域组里的区级骨干教师北京大学幼儿园的雷小娟、李惠萍老师所执教的大、中班的美术欣赏活动马蒂斯的《国王的悲伤》及梵高的《夜空》为例，幼儿园美术欣赏课程为我们学科领域研究小组提供了宝贵的研究经验。通过课程与实践的感悟，作为教研员与年轻的学科研修员无不为幼儿园构建与探索"美术欣赏"教育的新途径喝彩。

（一）营造美术欣赏安全、充满期待的环境

幼儿园欣赏"美术作品"一经出现，就必定以其独特、稀缺、适宜及其规范性，弥补了幼儿园美术（欣赏）教育内容资源不足的空缺，那一幅幅经过专家与研究团队精心甄选的传世名作（120多幅），亦中、亦外，无一不蕴涵着促进幼儿艺术欣赏能力发展的功能。

我们看到，在幼儿园的美劳区域空间里，因为有了中、西方现代艺术大师的作品，环境里流动着潜在的艺术气息，也因此变得越发生动有趣，这样的环境首先可以让幼儿在不知不觉间,感受着不同的美术作品所反映出的不同的美术教育元素（如线条、色彩、构图、明暗、笔触、肌理等）给人们带来的视觉冲击，还可以从多种多样的绘画材料和工具操作使用中激发幼儿体验并满足对艺术欣赏表现的需求，让幼儿大胆地感受、模仿、体验，继而思路开阔、方法创新，培养幼儿凭直觉将自己的想象、情绪情感用绘画的语言充分表达、释放出来。这样有利于发挥儿童的创造性，并为培养幼儿终身的艺术教育修养奠定较好的基础。当然，这些幼儿作品在表现技能方面还十分粗糙、幼稚或不完整，但是它充满着天真烂漫、稚拙、单纯的情趣，因为它是孩子认识生活的真实反映，单纯质朴的情感的体现。这对于提高儿童早期绘画的积极性和主动性有显著的作用。

（二）教学中有效问题提出

在美术教学课程中，教师对欣赏问题的引入方式、教师预计幼儿感知作品的解决的方式、连锁追问与幼儿对话，艺术感受过程中轻松有趣的空间氛围创设、美术欣赏活动中幼儿分享、创造、表达表现的情境预设，促使幼儿发现问题、探索问题解决问题的"场"，无不是通过教师以有效的问题提出展示出来的（这里的"场"指根据教育目标优化的环境、玩具材料等）。

如大班的美术欣赏作品中《国王的悲伤》，教师利用课件分别展示作品中的主体形象，引导幼儿感知作品中利用色块、线条过程的主体形态。进而引入有效问题的提问。你看到了什么？他是什么颜色的，这个形象主要是由线条组成的还是色块组成的？你觉得画家想表现的是什么？你们来学学他的样子吧……而在中班的美术欣赏活动梵高的《夜空》中，教师则以简洁、洗炼、启发式的提问，引导幼儿感受其画面中色彩、笔触、线条、形象所传达出的强烈情感，提问层层递进、由浅入深，恰到位的激发幼儿大胆地发表自己的见解，鼓励幼儿结合"想一想你想画的星星、月亮是什么样子的？你的心情怎样？"，提醒幼儿用带有方向的短线连接方式作画，指导幼儿寻找适宜的材料创作《有星星的夜晚》作品。

在美术欣赏课程的执教过程中，教师正是通过人为地创造环境，提出有效的提问，继而达到优化教育目标的目的，并将解决的问题延伸、迁移到幼儿已有的知识经验中，这些都通过过程性的实践为我们曾经的困惑与焦灼，作了最好的诠释。

（三）尊重幼儿的兴趣经验及开拓教师美术（欣赏）专业教育的新视角

美术欣赏课程中，我们感受到在对幼儿完成美术欣赏教育的有效途径中，教师具备了更加专业的业务素养与教育能力。

（1）作为教师，应对符合研究框架的物质内涵（美术欣赏作品）有着比较专业的认知与了解，如对欣赏作品的表现手段——线条、色彩、构图、明暗、笔触、肌理等的感受；对欣赏作品特性的感受；对平面性、静态性、造型形式以及对幻觉性、多重性的空间展现的感受等，具体性、丰富性的描绘等方面都能给幼儿以恰到好处、适宜的指导，在又具备通过不同教育手段的综合运用，激发幼儿主动感知、观察"欣赏作品"及相关的教育能力。

如大班教师利用课件把《国王的悲伤》这幅作品用分割的方式在各个环节中充分引导幼儿与大师以及作品进行对话。让幼儿充分展开猜想，用自己的语言表达自己的想法和感受。老师对幼儿的回答，能够及时给予适时的鼓励与支持，老师通过加入体态动作，采用个别、集体表演的形式让每个孩子参与到活动中，感受作品的意境。中班教师针对《夜空》作品的教育欣赏，通过运用课件背景音乐的教育智慧，让幼儿通过旋律优美、静谧的夜曲，用直觉思维激发幼儿去感受、了解夜晚的景色，借此帮助幼儿理解大师梵高《夜空》作品的内容。同时还利用多媒体课件制作技巧从整体到局部等方法来表达、感受部分作品的内容和含义。

课程中教师巧妙利用多媒体的现代教育技术，将美术欣赏作品内容具体直观、由浅入深、由易到难、由具体到抽象地再现出来。我们看到教师能够从儿童欣赏的视角，从作品的趣味性、可接受性几个层面对大师的艺术作品经过多媒体放映，实现画面部分的组合、局部的优化，在整体优化的基础之上产生聚集部分画面的效应，从而促使幼儿对课程中欣赏的美术作品从整体到局部、再从局部到整体，有更清晰的、分层次的了解。

（2）教师的能力不仅仅是首先自己具备欣赏和鉴别大师作品的能力，更重要的是，对幼儿进行美术欣赏教育时，尊重幼儿，在顺应他们自然发展的前提下，用灵动符合幼儿年龄水平的方式对幼儿加以启发、引导，并适时选用综合有趣的教学或游戏方法完成整个教学过程。

我们可以感受到，在教学活动中，作为教师，首先应努力为幼儿创设一个宽松自然的美术欣赏环境，使其在身临其境中产生追求美与表现美的欲望和热情，从而积极地去观察、想象、表现乃至去创造。另外教师还要学会用儿童的眼光去解读大师的作品。

从实践中我们看到：从引导幼儿对艺术作品欣赏到教师执教课程策略的运用，只有教师具备较高的艺术素养及专业技能，才能有助于美术欣赏教学模式较好的实施。在欣赏课程过程中，教师由始至终贯穿了鼓励幼儿感受、体验、操作、表达表现的课程指导思想，以"幼儿发展"构建美术欣赏课堂教学基本技能。体现了摒弃以美术学科为本位（常规的范画、试教，画、剪、折）的思维模式。换之以追求激发幼儿感受、体验、操作、学习的内动力，重视对幼儿美术学习兴趣的建立和欣赏能力的培养，强调以幼儿生活感受、体验经验为主体过程的美术欣赏的探索活动，在主动感知、学习的过程中获取、知识、兴趣及能力。这既符合幼儿的年龄特点，也可以说是一种课程观念、课程方式、课程角度视野的改变，而这种改变为我们建构美术教学，尤其是幼儿园美术（欣赏）教育的基本技能提供了成功的范本与鲜活的经验。

四、未来的思考与期待

《幼儿园教育指导纲要》指出："老师首先要了解幼儿艺术学习特点。幼儿的艺术活动能力是在大胆表现的过程中逐渐发展起来的，教师的作用主要是在于唤起幼儿的情感体验。调动幼儿参与艺术活动的强烈愿望，激发幼儿感受美、表现美的情趣，丰富他们的审美经验，使之体验自由表达和创造的快乐。"正是在我们了解幼儿艺术学习特点上，促使我们进一步思考。

教学效率的优质、高效，离不开教学主体对象——幼儿的全程积极、有效的参与，作为教师，要努力创设更加积极有效的探索空间，让幼儿通过这个空间积极主动地将其外部活动逐渐内化为自身内部的绘画愿望与学习动力，这个过程是幼儿追求美、向往美、表达美的过程。瑞士心理学家皮亚杰曾说过："教学应是引起一种主动再建构或再创造的过程，使个体有效地同化的活动。"作为教师应如何使这个过程变得更加直接、具体、有趣、充满快乐，是长期需要研究探讨的问题。在幼儿接受美术教育的过程中，尤为是对幼儿美术教育本质过程的探索，建构积累有易于幼儿对美术欣赏作品感知、体验，表达表现的经验，进一步强化幼儿在美术欣赏活动中的主动地位，这种主动的实现需要适宜的条件以及幼儿愿意进行再建构新的美术学习经验产生的愿望和愿意发现或寻求能够满足自己发现的"客体"（绘画技能、欣赏水平、操作工具应用等）的支持。

作为一位教研员，我衷心的期待，在不久的将来能有更多的幼儿园、教师了解并使用幼儿园美术欣赏系列方案与教程，在提高教师专业修养的同时，帮助幼儿从人生的早期，建立或积淀良好的艺术素养，并有可能因为我们的努力为幼儿打开通往未来的艺术之门。

为了实现此目标，让我们共同努力！

第二节 幼儿园美术欣赏活动的实施
——园所管理工作经验

2009年伊始，芳庄第二幼儿园参与到北京市教育科学研究院早期教育研究所汪荃老师的《幼儿园美术欣赏活动的设计与实施》的课题研究中去，伴随着5年多的研究历程，我们从心底里感到，美术欣赏是教师引领幼儿感受美和创造美的重要形式，也是他们表达自己对周围世界的认识和情绪态度的独特方式。而美术欣赏作为幼儿全面发展教育中的一个重要组成部分，它以其特有的可视形象和色彩表现出大自然的美和社会生活的美，以其鲜明的形象性和强烈的感染力加深幼儿对周围世界的认识，并能激发幼儿的审美观念和创造智慧。因此美术欣赏是幼儿园教育中不可忽视的内容，不断地探索幼儿园美术教育的方法，也就成了幼儿教师的重要工作之一。

芳庄第二幼儿园一直秉承以计算机信息技术为载体，以美术欣赏为表现形式的幼儿园文化，现在幼儿园的环境以美术欣赏作品为主要内容，让环境美浸润孩子们的心灵。以下是我们的收获和体会与大家分享。

一、伴随课题研究，深入学习理论，找准研究目的

英国当代著名的艺术教育家赫伯特里德提出：美术教育的根本目的在于为儿童提供丰富多彩的教育活动，使他们的人格得到成长。里德强调美术教学应顺应儿童生来固有的潜力，教师仅仅扮演一个鼓励者，使儿童通过美术活动发挥潜能。在最新颁布的《3~6岁儿童学习与发展指南》中提出："幼儿艺术领域学习的关键在于充分利用创造条件的机会，在大自然和社会文化生活中萌发幼儿对美的感受和体验，丰富其想象力和创造力，引导幼儿学会用心灵去感受和发现美，用自己的方式去表现和创造美。"

经典美术作品欣赏的教学策略研究将注重开展幼儿园多元化课程体系，将美术活动与幼儿园课程进行结合，带领孩子们在经典中徜徉，在大自然中感受美、体验美、表现美。如：在欣赏了吴冠中先生的作品《残荷新柳》之后，教师带领幼儿到大自然中写生，充分观察大自然的美景与大师经典作品的交相呼应，让孩子置身自然、置身经典，做到脑有所思，手有所致。

我们把美术欣赏活动的目的定位为：（1）通过经典美术作品欣赏的教学，引导幼儿喜欢美术活动；（2）通过各种自主性、探究性和体验性、交流性的艺术活动，多方提高幼儿的艺术感受能力，切实促进幼儿的身心健康成长和艺术素养的全面提高；（3）促进教师的教育观念与时俱进，提高教师的教育教学水平及教科研能力，更好地为教师的专业成长发挥积极的重要作用。

二、研究欣赏作品的背景知识，为教师开展美术欣赏活动奠定基础

在现在的美术教学中，欣赏活动所涉及的面非常宽广，包括造型、设计、应用、综合、探索等，欣赏的题材也是包罗万象。做好每一次欣赏活动就要以丰厚的艺术知识作为基础，那么我们需要哪方面的知识积累呢？我园就课题组提供的欣赏作品作为索引，列出一张美术教师的知识储备清单，帮助教师对照其中内容，反思自己的知识结构，针对个人薄弱环节加以补充学习。在我园列举的清单中，涉及欣赏画册中 13 位主要画家的生平，艺术风格以及创作背景知识，还涉及有关中国传统画的介绍，西方绘画史的介绍，以及有关美术创作的专业知识。

教师的知识储备还包括她们在学校学过的知识和技法，还有随着社会、经济、文化发展而流行的大众文化，例如我们在上面所提到的数字艺术、动漫艺术，这些知识有赖于教师在日常的学习中不断积累，从而获益。

三、研究美术欣赏活动中各年龄段幼儿表现出来的兴趣与技能，分析他们的行为表现，为引导他们的欣赏和创作奠定基础

幼儿的欣赏活动中的表达与他的思维水平有着密切联系，所以教师最关注的就是欣赏过程中孩子们的语言表达，从而了解他们对作品的理解和感受；另外就是孩子按照欣赏目标创作的作品，了解他们是否能将欣赏到的艺术要素用于自己的创作。

（一）了解与分析幼儿在欣赏过程中的语言表达

小班幼儿对作品色彩的关注度比较强，他们尤其喜欢回答教师对鲜艳、明亮色彩的提问，借此机会，教师就可以适时引导他们观察这些色彩在什么地方，有什么差别，以及色彩的大小、是什么样子等问题。这些问题对孩子们来说是显而易见的，因此他们很愿意回答老师。教师一方面重复他们的回答给予肯定，另外通过进一步的提问使回答得更全面，从而提升幼儿对作品艺术要素的关注，同时培养他们认真、仔细观察作品的习惯。

中班幼儿对作品中的形象开始感兴趣，他们喜欢给作品中的形象命名，想知道画家画的是什么？借此机会，教师就可以适时引导中班幼儿观察作品中的点、线、面的布局和色彩的运用，观察画家是怎样运用这些艺术元素去描绘物体或事物的，这样的画法和自己习惯的画法有什么不同？这样的问题调动了幼儿欣赏作品的积极性，他们可以清楚地告诉老师自己的习惯画法，而画家与自己有什么不同。于是教师进一步提问画家具体是怎么画的，从而引导幼儿深入地观察画面的各种创作要素。

大班幼儿开始关注作品中形象的象征意义，他们能区分出作品背景与绘画主体的区别，能感受到作品体现的均衡、协调、对称、独特、变化与统一等形式美。借此机会，教师就可以适时地引导幼儿观察作品中色彩、线条的搭配，物体的布局以及光线、笔触的运用，想象画家是怎样完成这样一幅画面的。这样的提问把幼儿平时在创作中的摸索——怎样画得好看、画得不一样、画得引人注目等问题揭示出来，顺其自然地打开了幼儿的思路。接着教师再引导他们探讨用什么绘画工具和方法，像画家那样创作一幅属于自己的作品。

当然，3 个年龄班是既有区别又有联系的，随着研究工作的进展和教师经验的积累，教师在学期的不同阶段，面对不同的孩子，会巧妙地变换自己的问题，使每一次的活动，问题都能层层展开；使不同的活动，问题都能逐步深入。

（二）分析与评价幼儿作品的艺术要素与情感表达

每当幼儿创作完毕，教师都要带领他们展示自己的作品，对照前边分析过的欣赏作品的艺术要素，来观察分析幼儿自己创作的作品，看看他们是怎么表达自己的想法和情感的。

小班幼儿在初期阶段，通常只对自己的作品感兴趣。教师的最好办法就是在幼儿创作过程中及时点评。比如根据色彩表达的教育目标，肯定幼儿使用了高兴的（或安静的、平和的等）色彩，然后就在集体评价过程中提问，如：谁像画家那样使用了高兴的色彩，请把作品拿到前面来，大家看看画中的圆点高兴不高兴啊？或者提问谁的画使用了弯弯的线条，就像小草在轻声细语？这样的提问不仅能点中作品的关键，还有利于引导幼儿相互注意。随着教学进度的深入，教师逐渐通过对作品欣赏要素的提问，引导幼儿进行相互评价。例如提问：谁的作品更像是夜晚，小花都睡觉了？然后幼儿就会找出画面背景灰暗的、小花色彩淡淡的作品来。

中班幼儿欣赏作品的兴趣点开始有了比较明显的改变，他们愿意当众介绍自己的作品，让大家了解其中的特别之处。教师在满足了这些要求后，还可以适当地对画面中的形象和内容进行提问，这也是中班幼儿最感兴趣的。在欣赏了梵高的作品《圣马里海景》后，教师引导孩子们去表达一幅色彩丰富的动态的大海。除了模仿梵高表现的冬日海景外，他们有的画出了夏天的大海，还有的画出了早、中、晚不同时间的大海。夏天海的颜色是明亮的，太阳的光芒一层层在黄色系中充满变化；早晨的海则光线从左上方打来，照射到海面上呈现出彩虹般的变化；傍晚的海除了晚霞的红黄紫色系，还加进了蓝绿色，显得既妖娆又神秘。教师及时抛出了你为什么这样画，这幅作品给我们什么感觉等问题，每个孩子都能讲一个他亲身经历的故事。是大师的作品启发了孩子的灵感，把他们头脑中深深存在的，过去想表达却不会表达的印象，终于完美地呈现出来。又例如，在欣赏了米罗的自画像后，大家把自己的作品都展示出来，共同观察哪幅作品像谁？除了服饰、发型等幼儿通常使用的创作方法外，教师更是从人物体现的气质和性格角度加以分析，让幼儿体会到什么是个性和情感的表达。

大班幼儿对欣赏作品的整体把握有了较强的能力，甚至能感受到作品所描绘物体的象征意义。适时引导他们欣赏和感受作品浓浓的情感，便是教师在大班时期所注重的。当孩子面对梵高创作的《文森特的椅子》时，教师就通过作品所表达的场景和物品、突出主体的构图和压抑的色彩等提出一系列的问题，使他们体会到画家是怎么表达对朋友的思念的，面对《夜晚的咖啡馆》，孩子们也能体会到画家对生活的怀旧之情。当老师要求他们画一件对自己有情感意义的物品时，孩子们便借鉴了大师的方法，用色彩和构图表达出了或快乐，或伤心或其他情感的作品。大班的孩子小肌肉发育已经比较成熟，能够在创作中使用较为精细的动作，这为他们更好地表达自己的想法，创作令自己更加满意的作品提供了机会。教师适时地引导他们欣赏大师作品中那些长或短、粗或细、直或弯的线条，欣赏作品中你中有我、我中有你的色彩，欣赏那些用大小不同的点、挥洒自如的线，或叠加或泼洒而成的面等创作方法，丰富了幼儿对美术创作的认识与理解，提高了他们的表达技能。

四、研究欣赏活动的基本程序

在以往的教学中，我们把美术活动的程序制定为五个：引起兴趣—出示范例—示范讲解—巡回指导—结束评价，这五个环节都是以完成技能要求为目的的。通过美术欣赏的课题研究，我们将这五个环节进行了顺序和内容的调整，以鼓励创新、激发创造为目的，形成了以下6个环节。

（1）出示名画——让幼儿整体感受作品，自由讨论对它的第一印象或感觉，使其成为诱发其创作动机、引导学习技能的推动力。

在面对大量的艺术作品时，幼儿的艺术偏爱和对作品价值的判断与成人有着很大的差距，但他们又往往表现出比成人更直觉和敏锐的灵感。因此，教师不能将自己的理解强行灌输给幼儿。教师应尽可能地鼓励幼儿畅所欲言，充分发挥他们的想象力和自由表达的能力。当新的作品出现在幼儿的眼前时，幼儿的情绪是非常激动的，有些孩子会冲到画的面前，非常迅速地说出自己的想法。此时，教师就要成为信息的接收器，接纳幼儿的想法，当幼儿对作品产生了疑问而寻求帮助时，教师可与幼儿展开讨论，通过一些启发性的语言，帮助幼儿与艺术作品进行对话，引导他们通过观察、想象把自己的理解和感受传递出去。如教师问：你认为这是什么呢？这根线条（图形）像什么？它代表什么意思……在这种平等、和谐、轻松、自由的环境中，幼儿的想象自由放飞，变得大方、自信、敢说、会说。

（2）要素识别——围绕作品内容、主题、与描述的故事情节等方面提出要素表达的问题，即这些意义画家是用怎么表达出来的？让幼儿边观察、边感受、边思考作品创作方法表现出的情感与意味。

（3）引导讨论——回到整体，师生共同参与讨论，引导幼儿从不同角度思考那些没有统一答案的问题。

（4）心理回忆与构思——这是承上启下的必要一环，让幼儿闭上眼回忆已欣赏过的视觉意象加深对作品的印象与感受。

（5）鼓励独创——鼓励幼儿按自己的体验大胆表现，把欣赏的经验结合进来，或学习借鉴画家的作画方式与表现手法，努力超越自我。

（6）作品评议——给幼儿展示作品的机会，让幼儿通过比较自己与同伴的作品，进一步体会美术要素的表达，产生自豪的体验与成就感。

五、研究在欣赏活动中实施幼儿与大师对话的方法

（一）问答对话法

问答对话法是教师以语言为中介引导、启发幼儿，与之交流欣赏作品的感受和看法的方法。在教师掌握了美术作品主题时，问答是一个师生之间、欣赏者与艺术作品之间互动的过程。欣赏者与艺术家的互动是艺术家有一种向欣赏者倾诉自己深切感受的愿望，欣赏者则从自己的心灵出发与艺术家、艺术作品对话。

此过程包括三个等级，最初级为讲解，第二级为问答，最高级为独立欣赏。选用哪一级须根据幼儿的年龄和欣赏水平而定。

虽然幼儿可以进行独立欣赏，但还是需要在教师的指导下进行，教师可以选择一些作品，先做一些欣赏提示，给幼儿足够的时间思考，让幼儿自己欣赏，最后用语言或其他方式将不同的感受表达出来。幼儿对事物已经有了自己比较稳定的态度，逐渐有了自己的特点。如男孩和女孩随着年龄的增长，男孩偏向机械类的、电动的物体，而女孩喜欢生动的、活的、形象漂亮的物体。每个人偏爱的东西不同，对审视美术作品角度和获得的审美体验也是不同的。

教师在掌握了作品欣赏的要点后，将这些要点转化成问题，再围绕这些问题进行讲解式提问。

首先叙述作品内容，欣赏一幅画是从观看开始的，指导幼儿欣赏一幅美术作品先观看和分析画面中的主要事物，看画面中有哪些主要形象，画家是用什么方式表达出来的，他们（它们）在干什么，猜猜会说些什么，然后分析他们（它们）的具体特征，他们（它们）之间的关系、他们（它们）和环境之间的关系，还要从空间上观察，哪个近，哪个远。

　　这样的问题引入，"你在画上看到了什么？"，引导幼儿认真观察，大胆、自由地讨论。在美术欣赏的过程中，教师的问题若过于具体，容易限制幼儿的观察思路，无法按照自己的兴趣和以往的认知进行。幼儿出现了有意地自觉控制和调节自己心理活动的能力。在认知活动方面开始掌握认知方法。比如，在观察绘画时，5岁以后儿童已不再胡乱地看，而是能学会按照一定的方向和路线（如从上到下、从左到右）依次扫视。教师提出开放式问题，幼儿从不同角度、不同视点对作品进行独立自由地观察、想象。但教师不是完全地放手，基于幼儿的社会认知和情感发展不具备高度独立的审美能力，需要教师及时地引导和归纳，和幼儿一起理清他们的观察顺序，让幼儿明白观察要有一定的顺序，自己所谈到的只是整个顺序中的一点，这样幼儿在以后欣赏美术作品时就渐渐意识到观察应该是有序的，而这个"序"可以有许多方向。可见，在美术欣赏过程中，教师一方面是对话活动的组织者，这体现在教师能够有效地调动和组织起自己与幼儿及作品之间的积极对话，另一方面教师又是幼儿发展的指导者，这体现在教师能够帮助幼儿在现有的知识、认识和领悟水平上有所提升。

　　然后，分析作品的形式与风格。分析作品的形式和风格主要是分析欣赏作品的构图、图形、线条、色彩、明暗关系。构图方式有放射式、螺旋式、三角式、水平式、垂直式、封闭式和外展式。4岁是幼儿感知图形的敏感期，具有良好的图形感知力；就对色彩效果的感受而言，也具有了一定的识别力。幼儿的年龄特点决定了其美术欣赏的特点。美术欣赏往更进一步的引导，是切实可行的，幼儿的能力发展为其进行美术欣赏奠定了基础。美术欣赏的教学侧重点应根据实际的教学内容，对不同的作品设计不同的问题。如果色彩是一大特点，则可以把色彩作为重点。在讨论色彩时可以提这样一些问题："这幅画的主色是什么？因为它是最明亮的，还是因为它是覆盖面积是最大的？主色处于什么位置？"与"是否有哪种颜色与周围的颜色存在对比关系？""画中的颜色表达了什么样的情绪？"等。

　　对作品的内容和风格了解之后才能更好地对作品做出情感上的共鸣。教师根据不同的情景编一些问题对幼儿进行引导。若教师提这样的一类问题："画中的人物在干什么，你觉得他们的心情怎样？"不同的幼儿对画面上内容的理解不同，表达的感受自然也就不同。幼儿对事物已有了稳定的态度，有了各自的偏爱，教师此时应持鼓励态度，对幼儿的积极行为给予鼓励。在美术欣赏活动中，没有唯一、绝对的正确答案，这便给幼儿提供了充分的自由联想、想象和创作空间。但另一方面，欣赏美术作品是有一定规律可循的，教师给予幼儿的反馈不能是什么都行，什么都是。如美术作品情感倾向，尤其是写实性的作品，人们对画面描绘的事物的识别，与作品情感的共鸣有一致的倾向性。[①]

教师首先承认幼儿各种不同的自我感受的合理性，在允许幼儿有不同感受的同时，又鼓励其他幼儿继续提出自己不同的见解，使幼儿通过讨论，得出相对更合理的结论。教师在谈话的过程中可以适时地提出自己的想法，如在谈话偏离我们的主题太远或讨论之后的结果有需要补充的。讨论的目的意在引导和提升，而不是硬性的说服，也不是压制不同的意见，使幼儿失去信心，不敢再大胆地发表自己的意见或养成依赖于教师的习惯。

幼儿有了情感上的体验，对作品的主题又有了进一步的理解之后，可以组织幼儿对绘画作品进行命名，提炼作品的主题思想。教师引导幼儿从画面的主要内容或对作品的感受等不同角度来概括。在幼儿每取一个名字后，教师都要做出适当的反馈。反馈中暗含着对起的名字的各种思路的启示，既要有评价作用，又要有提升意义。待名字起完后，教师组织幼儿对这些名字进行讨论，如"你们喜欢谁起的名字，为什么？"。讨论要民主，通过各抒己见，相互比较，既可以区分出更适合的名字，也可以深化幼儿对作品的认识和体会。适合的名字不是唯一的，可以存在多个。

（二）创作对话法

幼儿在欣赏活动中，教师用恰当的教学方式，不断调动幼儿的感觉经验、情绪记忆，使他们的感觉与情绪协调发展。这时，教师应给幼儿留有模仿、体验的过程，把欣赏与创作结合起来，可让他们模仿画家的作品，体验画家的创作过程及绘画方法与技巧，积累绘画经验，提高审美能力及绘画表现能力。

另外，幼儿在欣赏艺术作品时不是简单、被动地接受作品，而是对美的主动发现、追寻和创造，当幼儿对艺术家作品风格、表现形式、材料技法、创作过程、创作思想等方面有了较深刻的认识后，他们对作品必然会产生自己的看法，教师可以在欣

---

① 刘秀银,贾洁清,冯云.幼儿美术教育的创新与实践［M］.北京:北京师范大学出版社,
2010：16.

赏活动后有计划、有目的地让幼儿在实践的过程中发挥其创造能力，大胆地进行名画新作。这时，教师可以提出："你喜欢这幅画吗？为什么喜欢？"假如你是画家，你将怎样表现这幅画？你将如何修改这幅画？教师鼓励幼儿在创作过程中，不仅把大师作品所包含的内容通过自己的理解、领悟再现出来，还能根据自己的审美观念，经验对原来的形象进行补充、加工、深化、改造，使幼儿在这种创造活动中，艺术审美能力得到进一步的提升。

（三）综合对话法

通过多年的研究，我们发现：把美术欣赏活动融入孩子们的游戏和环境中，可以起到激发活动兴趣，提高感受能力的作用。

选择一些与美术作品有关的符合作品情景的旋律、诗歌、故事配合作品一起欣赏，可以调动幼儿的各种感官，运用多通道在不同的艺术形式中体会相同的事物或情感模式，展开丰富的想象。可采用的方法有：

（1）让幼儿边欣赏美术作品，边听音乐、故事、诗歌；

（2）在欣赏美术作品即将结束时，听一首符合情景的曲子、诗歌或故事，加强和升华欣赏效果；

（3）先听曲子、故事、诗歌联想画面，使幼儿感受艺术的共同规律。

综合欣赏法是结合与作品相关的其他领域，幼儿自发地寻找其中的联系，有助于幼儿对美术作品的理解。

六、成效与收获

通过对美术欣赏课题的参与，我园教师的美术教学理念在逐步更新，教学视野与能力有了明显提升，教育成果十分显著：幼儿园里艺术氛围装饰更加浓厚，班级环境创设评比，班级主题墙设计交流活动形成常规。各班的环境创设更加注重了幼儿与家长的参与性，获得了全园教师及家长的一致赞扬及肯定；而全园幼儿更是受益良多，他们不仅提高了绘画表达和审美能力，丰富了相关美术知识，还掌握了用绘画形式抒发自己的情绪情感的技能，变得更加开朗自信。

第三节 欣赏画教学实践模式的突破与创新

——教师教学活动经验

在幼儿园开展欣赏画教学一直都是许多老师不敢尝试的内容，我和参与欣赏画教学研究的这些老师们一样，也都带着相同的困惑开始了相关实践研究。通过参与美术欣赏教研的实践与研究，我们互相学习、互相沟通，从对幼儿美术欣赏知之不多，到尝试运用自己获得的知识经验，大家一起共同探讨美术欣赏的教学实践中的感悟与心得，这一切的一切都从改变老师自己开始。

一、改变从自己开始

最初的改变是丰富了老师们的与美术欣赏相关的学习理论，园里为参与实验的教师配备了《艺术欣赏》《给幼儿园教师的 101 条美术教育建议》《儿童美术欣赏教育研究》和《与大师对话》等书。

教研组的老师们通过相关理论知识的学习，认识到艺术世界的奥妙无穷，艺术与人性中最深层的东西是息息相通的。艺术教育从本质上是一种生命教育和情感教育。透过艺术可以充分地挖掘儿童的感性潜能，使他们的感性世界无比丰富。儿童美术欣赏作为现代儿童艺术教育的重要内容，在开阔儿童的视野，陶冶儿童的情操，净化儿童的心灵等方面起到独到的作用。美术欣赏的过程是幼儿通过与美术大师平等地"欣赏、理解、对话"，进一步完成自己的"感受、体验、创作"，让古今中外丰富的艺术营养滋润每一个孩子更艺术地成长。儿童欣赏画教学是一栋由几位儿童美术教育家合力建造的儿童美术的温馨小屋，样式传统又现代，陈设丰富而明快。每一位进入其中的孩子都会被热情的主人揽入怀中，感觉到美的情愫，被灵性抚慰，受智慧滋养，得艺术熏染……它对提高孩子们的美术技能和人文精神，培养孩子们的创造性发挥着重要作用。

通过学习我们还知道了什么样的美术欣赏活动能激发幼儿的兴趣。美术欣赏活动中怎样协调教师与幼儿、幼儿与幼儿之间的审美差异？美术欣赏活动中是否一定要将幼儿对作品理解引向画家表达的意思？美术欣赏活动中如何调动幼儿已有经验，更好地理解画面？美术欣赏活动中怎样让每个幼儿都得到美的熏陶和培养？这些问题的一一解答打开了大家踌躇的心，很多老师都开始了自己的欣赏画教学实践。

图 3-1　教师学习研究理论知识

二、改变教学思路

有时候欣赏画教学，因其素材丰富，形式多样而让参研的老师们无从下手，从最开始的整体欣赏，到后来的提取局部元素进行对比欣赏改变了参研教师的教学思路，跳出模式化的教学形式。在欣赏马蒂斯的《国王的悲伤》这幅画时，大班的郑老师用元素提取的方法，引导幼儿从一个一个小的画面开始欣赏，最后组成完整的画面再进行整体欣赏。在欣赏波洛克的《数字 23》时，引导幼儿从寻找画面中多变

图 3-2　幼儿自由创作作品

的线条开始，感受画家独特的绘画表现技法，并引发幼儿参与创作的愿望，改变教学思路让参与研究的教师更有思考的空间，同时也调动了幼儿用不同的视角去欣赏大师的创作。

三、改变支持策略

幼儿艺术活动的核心价值，支持、引导幼儿初步感受并喜爱环境、生活和艺术的美，喜欢参加艺术活动并能大胆地表现自己的情感和体验，能用自己喜欢的方式进行艺术表现，同样在欣赏画的研究中，欣赏后的表达也变得更为重要。小班的老师为了幼儿能用国画的方式表现小鸡，自制绘画工具海绵棒，请幼儿用大小不同的两根棉棒，拓印表现小鸡的头和身体，最后再请幼儿用棉签添画上尖尖嘴和爪子，这样栩栩如生的小鸡就跃然纸上！欣赏《奔腾的河流》时，中班的老师通过提供不同颜色、不同材质的半成品材料，简化表现技巧，降低表现难度，方便幼儿创作他们眼中的奔腾的河流。在欣赏画的教学实践中，教师们尝试改变不同的支持策略缩短和大师的距离，使幼儿更有成就感，更有创作的自信。

图 3-3　幼儿作品

四、改变评价方式

赏识是对幼儿创造力的肯定，更是开发幼儿创造力的催化剂。赏识幼儿每一次的创造，才能激发幼儿创作的兴趣，形成幼儿内在的创造倾向。所以教师如何评价幼儿的艺术创作也显得尤为重要。

幼儿的艺术学习应该在富有探索性、创造性的环境中进行。要鼓励幼儿的探索和表现，为幼儿创设自由、轻松、和谐、积极的环境和气氛。有创造性的人往往会因为自己的思想和行动偏离了常规而感到焦虑不安，幼儿也是如此。参研的教师注意选择适宜的语言，以一颗宽容之心来对待孩子"与众不同"的言行，让孩子在一种轻松、自由、愉快的环境中充分展示自己的艺术创造才能。同时借助同伴的评价资源，请幼儿说一说自己喜欢谁创作的作品，为什么？此时能得到同伴的赏识也是一件让人愉快的体验。

总是说世界每分每秒都在变，但是要改变自己的做事模式、思维习惯是一件很难的事情，通过欣赏画教学的实践研究让我们这些参研的老师也在学习中实践、在实践中反思、在反思中调整、再实践的过程中一点点发生改变。

下篇

中班美术欣赏
教育活动的组织实施

第四章

中班幼儿美术欣赏的年龄特点

　　4~5岁是幼儿三年学前教育中承上启下的阶段，也是幼儿身心发展的重要时期，有其特有的年龄特点。这一阶段的幼儿在生理上进一步成熟，特别是神经系统的发展，兴奋与抑制过程都有较大提高。心理发展上，他们的认识活动、概括能力和行为的有意性明显地开始发展，对事物的反应比过去快，自制力也大大提高。较之3岁，4~5岁幼儿的情绪更加稳定，但也更加活泼好动，好奇好问。他们会积极地运用感官去探索、去了解新鲜事物。还常常喜欢寻根刨底，不但要知道"是什么"，而且还要探究"为什么"。这一阶段的幼儿思维仍具有具体形象的特点，他们在已有感性经验的基础上，开始能对具体事物进行概括分类，但概括的水平还很低。他们对事物的理解能力开始增强，能够初步理解周围世界中表面的、简单的因果关系，并能独立表述生活中的各种事物，还会根据不同对象的理解水平调整自己的语言。游戏中的表征水平提高，不仅游戏兴趣显著增强，而且游戏的水平也大大提高。他们具有丰富、生动的想象力，但还难以分清假想和现实，常常会把看到的内容融入自己的想象。他们喜欢假装做什么，常和想象中的伙伴一起玩。他们有时会"撒谎"，但并不是真正意义上的撒谎，只是用想象代替真实。

　　4~5岁幼儿已经能够通过手、口、动作、表情进行表现、表达与创造，他们喜欢涂涂画画。这一时期是幼儿美术能力发展阶段中的一个过渡时期。幼儿对美术活动的兴趣开始稳定并保持下来，他们在观察物象和图形时，能够按一定的顺序进行，观察也比较准确；能画出物象和图形以及大小关系；能至少说出6~8种颜色，且区别颜色明度和纯度的能力逐步发展；对色彩的爱好开始形成一定的倾向性，有的喜欢强烈的颜色，有的喜欢浅淡的色彩；开始认识到自身与外界之间的空间位置关系，能较准确地画出物象的上下空间关系，能辨别前后方位，但还不能画出物象之间的前后空间关系；手指、手腕和手臂的小肌肉和手的精细动作很快地发展起来，能够使用笔和剪刀等工具；会用不同材料建构较复杂造型，也能用黏土或橡皮泥捏出一些形状和物体，如圆形、方形、西瓜、苹果、香蕉等，有时还会捏出人像或动物的形象；涂颜色时，能够做到不涂在形象轮廓之外；想象力迅速发展，再造想象开始发展，常常喜欢自由地表达自己的思想，作品带有幻想性；开始尝试利用他在涂鸦期掌握的图形表现经验，但是他们的构思一般是偶然的和不稳定的，幻想与现实分辨不清；往往是先动笔后构思，绘画的内容很容易转移，只能进行局部构思而不能进行全面完整的构思；所能运用的形状还比较简单，可塑性强，形象含义不稳定，容易变异，形状的组合稍一变动就可以构成新的形象，往往是一形多义；这一阶段的幼儿并不在意作品结果，只求在活动过程中得到满足和快乐；其绘画情感的有意性和稳定性逐步发展起来，如能够画自己的父母、小伙伴、善良的小动物等。

这一时期的幼儿喜欢欣赏各种类型的美术作品，并能简单表达自己对作品的想法与感受。但是受发展水平的限制，他们的客观性认知能力和形式认知能力还比较弱，往往倾向于以一种移情的态度来看世界，将自己的理想、志趣、性格、情感等直接移注于物，具有直觉性的特点，这导致他们的欣赏带有强烈的主观色彩。如在幼儿的审美活动中，色彩对比强烈、结构关系简明清晰、意义比较单纯的绘画作品往往被儿童所喜欢。而研究发现，幼儿偏爱的原因往往是"刮风了""因为画上有小房子，还有星星和月亮""龙卷风漂亮""有美丽的天空，旋转的天空"等。他们很少提到或意识到绘画风格问题，更多是因为在画中所见内容是他们喜欢的，及这些内容能唤起他们已有的经验。同时，由于4~5岁幼儿还处在泛审美的阶段，一方面他们的心智开始具有一些审美特征，但是另一方面，他们所从事的审美活动往往是非艺术性的，而更加具有综合性和游戏性的特点。这一阶段的幼儿对周围的环境充满了好奇，许多在成人看来平淡无奇的事情，对他们来说却具有极大的吸引力。他们对美术作品的欣赏也是如此，往往偏爱一些具有夸张表现手法的、觉得"好玩"的绘画作品。

在关于幼儿美术能力发展的研究中，著名心理学家皮亚杰认为，4岁幼儿的认识过程是一种"符号化的智慧发展"。他认为这一时期的幼儿渐渐能够使用由视觉形象组成的各种心理符号，并开始学习分析实际事物的表象符号和美术作品形象之间的区别。4~5岁幼儿能否艺术地去解读美术作品必然受到其整体心理发展水平的制约，也受限于幼儿已有的表象符号。从这个意义上讲，幼儿只有拥有了美术表现形式的表象符号，才会去关注、偏爱这种表现形式的美术作品。因此，我们相信，在美术教育的影响下，幼儿能感知美术作品的某些形式审美特征。这也为我们开展以关注艺术大师美术作品中的多种艺术表现手法（构图、线条、色彩、技法）为重点的幼儿美术欣赏活动提供了理论支持。

第一节　中班幼儿运用色彩的特点

　　幼儿对色彩的使用具有其自身的特点：第一，对色彩的视觉认知有所发展，即认识到物体是什么颜色，表现在幼儿能够使用物体的固有色来进行涂色。第二，色彩使用的装饰性能力有所发展，表现为幼儿已有了自己的颜色偏好，他们在画画时，喜欢用多种颜色来装饰画面，呈现出丰富多样的色彩。第三，幼儿在使用颜色时有情感倾向。

　　4~5 岁幼儿开始能够辨别混合色，他们开始能将颜色和颜色的名称稳固地联系起来，区别各种色调明度和饱和度间细微差别的能力也逐渐发展起来。这一时期是幼儿辨色能力发展的关键期，对幼儿色彩感知能力的发展有关键作用。对于色彩的运用，中班初期的幼儿延续小班的用色特点，时常表现出"花哨色彩"的运用。但在中班后期这样的现象开始逐渐减少，运用物体固有色彩的行为却逐渐增多。但是这样的变化也让我们看到幼儿在色彩运用中的想象力及创造力的渐渐遗失。因此，需要提供以色彩为主的美术欣赏作品，让幼儿看到各种不同的色彩运用方式，体会到它们带来的不同情感体验，如通过颜色的强弱对比、明暗对比、冷暖对比、色彩面积对比等多种色彩对比的规律方法，可以使色彩本身具有的特性更加鲜明、强烈，更加富有生命力；通过同类色的协调、黑白的协调、灰性色的协调等色彩协调规律与方法，又可以使人在柔和与宁静的心境中获得审美的享受等。为幼儿打开一扇色彩之门，让他们在欣赏多种色彩丰富的美术作品的同时，得到不同的情感体验，继续拥有色彩运用中的丰富想象与创造能力。

第二节　中班幼儿运用线条的特点

　　线是造型的基本元素。线的方向和运动能够组合出千变万化的形式语言，产生出各种形式的美感。而幼儿的造型表现主要是运用二维的平面空间和装饰手法，因此，他们的图画主要是用线造型，即用线条与形状的轮廓、大小和空间关系等来造型。线条画是他们最喜欢、最得心应手的绘画表现形式。他们能够随心所欲、无拘无束地运用线条表现自己的心意与想法、感受。线条画也是培养幼儿敏锐感受力和写实能力的最有效的表现形式，是他们步入绘画世界的重要基础。

4~5岁幼儿对用线条表达物体的基本形状已经不感到困难了，他们已能用线条连接成一些基本形状，构成自己想要表达的各种物体。在他们的作品中，感兴趣的部位得到肯定和夸张，不感兴趣的部位则被省略和忽视。这时期幼儿欣赏以线条造型为主要风格的作品，重点在于感受作品中线条变化带来的或简约，或狂放，或柔美，或刚硬的视觉冲击和情感体验，这样的作品能使他们产生心灵共鸣。同时，由于这一时期的幼儿思维开始活跃，想象力特别丰富，求知欲望明显增强，通过欣赏绘画作品中线条的不同表现形式，他们也可对这种表现物体动态的绘画手法产生浓厚的兴趣，愿意探索与尝试。

第三节 中班幼儿运用构图的特点

构图是指在二维空间上，安排和处理审美客体的位置和关系，把个别或局部的形象组成整体的艺术作品，以表现构思中的预想形象与审美效果。从这个定义可以看出，构图的目的是表现作品的主题思想，在美术创作过程中，构图和构思两者之间有着密切的联系。一般先有构思，并在此基础上进行具体的构图。但是并不排除在构图过程中对原先构思中的预想效果和审美形象不断予以修正，有时甚至会因此而萌发出新的构思。所以，两者在创作过程中有时难以截然区分。

4~5岁幼儿已经开始认识自身与外界之间的空间位置，能较准确地画出物象的上下空间关系，能辨别前后方位，但还不能画出物象之间的前后空间关系。由于受空间知觉水平不高的制约，他们能初步感知整体与部分之间的关系，能把握观察对象的明显特征。在表现美术作品时，由于受这一阶段幼儿心理发展特点的影响，他们的构思往往不稳定，所能运用的形状还比较简单，可塑性强，形象含义不稳定，容易变异，形状的组合稍一变动就可以构成新的形象，往往是一形多义。因此在欣赏作品时，我们可以引导幼儿把握画面内容的明显特征，分析画面中的主要内容与次要内容，关注它们在画面中不同的空间位置，帮助幼儿了解多种不同的构图方式，感受不同的构图方式带来的不同画面感受。

第四节　中班幼儿运用技法的特点

4~5 岁幼儿开始进入"形象期"，他们能用简单形状逐渐深入地表现越来越多的事物。他们已经认识了一些简单的几何图形，有了能够使用几何图形进行拼贴的经验，如粘贴小松树、房子、人物等，但幼儿在运用粘贴技法的过程中仅能根据老师提供的图形进行较为固定模式的粘贴。他们已经能够使用剪刀等工具进行简单的活动，也初步了解和尝试过多种不同方法进行的美术活动，初步了解不同的技法，如粘贴、剪纸、拓印、泥塑等。欣赏多种技法表现的美术作品，更直观地帮助了幼儿打开创作思路，有助于幼儿尝试运用不同于以往的技法进行美术活动。

纵观以上论述，我们了解到幼儿美术感受能力及绘画能力的发展是一个从笼统到分化，从没有标准到具有一定的标准，从以自己主观的偏好到较为客观的分析为主的发展过程，这就需要教育实践者通过多种不同形式的美术实践活动，为幼儿相关能力的发展提供帮助。而以艺术大师作品为主要依托的幼儿美术欣赏活动，通过为幼儿创设与艺术大师的作品直接对话的环境，并提供经典的、适合其年龄特征的美术作品，通过教师有目的、有计划地引导幼儿感知、理解美术作品的内容和表现形式，体验蕴含在美术作品中的美妙情感，并通过美术创作活动来表达自我，可以为幼儿美术感受能力及绘画能力的发展提供了一个较为便捷有效的发展途径。

在这样的美术欣赏活动中，我们更多的是需要引导幼儿去欣赏并初步理解作品形象和作品主题的意义，让他们知道美术作品能反映现实生活和人的思想感情，带领他们去体验作品中的线条、形状、色彩、构图、技法等一些基本的美术表现元素，引导他们去初步欣赏并感受作品中形象的造型美、色彩变化及相关关系，欣赏主体与背景之间的变化和统一，欣赏构图的对称与均衡美等；引导他们去欣赏与他们的生活经验有关的、能理解的成人美术作品、同伴的美术作品，以及日常生活中的玩具、生活物品、节日装饰、环境布置等，使他们能够产生与作品相一致的感觉和情感。通过美术欣赏活动，鼓励他们大胆表达自己的感受，敢于说出自己喜爱或不喜爱作品的理由，并对作品作简单评价，从而培养起他们关注身边具有美感的事物的能力。

总之，我们的美术欣赏教育不是让每个孩子成为大师级的人物，我们的美术欣赏教育是希望通过美术欣赏活动让孩子们有一双审美的眼睛，有一个审美的大脑，能运用艺术家的眼光去欣赏周围的各种事物，感受生命和自然的美好。

第五章

中班美术作品欣赏提问预设

第一节 色彩欣赏提问预设

奔腾的河流——N.D.C

图 5-1 奔腾的河流

1.欣赏目标	（1）观察画面的浓烈色彩，感受画面中冷暖色调对比构成的秋之美	
	（2）尝试运用冷暖色调对比的方法创作秋天的图画	
2.预设提问	引导重点	追　问
（1）这幅画上有什么？	观察画面，感受画面表现的秋日景色	你看到的是什么？（树、草、河）
		它们都在哪？是什么颜色？
（2）这幅画的色彩有什么特点？	感受画面冷暖对比调形成的视觉冲击	树都用了什么颜色？怎么画出来的？草都用了哪些颜色？怎么画出来的？
		河是什么颜色？深浅一样吗？
		秋天树和草的颜色给你什么感觉？（温暖）河水的颜色给你什么感觉？（冰冷）
		冷暖色的搭配给你什么感觉？这种搭配好看吗？

（3）这幅作品的色彩给你什么样的感受？	感知作品明亮、浓烈的色彩所表现出的秋日之美	大面积的橘红色、黄色的运用让你有什么感觉？（快乐、温暖、浓烈、丰富、醒目等）
		蓝色的运用让你有什么感觉？（清凉、干净等）
3.创作引导：请你用作品中的颜色创作一幅秋天的画	鼓励幼儿个性化的创作	指导幼儿进行冷暖色调的配合使用
		鼓励幼儿大胆表现自己对秋天的理解
4.材料提供	油画棒、蓝色图画纸等	
	丙烯颜料、广告色（黄、绿、橘红、蓝、白等）、图画纸、毛笔等	
	碎手工纸等	
5.作品点评	注意使用对比强烈的色彩表现秋季特征的作品	哪幅作品色彩丰富，更能表现秋天的美？
		哪幅作品冷暖色彩对比更强烈？

水彩画——米罗

图 5-2 水彩画

1.欣赏目标	（1）感受深浅颜色对比产生的强烈视觉效果	
	（2）观察不同用笔方法所表现出的不同质感	
	（3）感受画家创作的随意性	
2.预设提问	引导重点	追问
（1）画面中有什么颜色？这些颜色给你的感觉一样吗？	感受深浅颜色的强烈对比	这些颜色给你的感觉一样吗？
		说说它们分别有什么不同的感觉？（黄色比较朦胧、灰色比较粗糙等）
		还有谁有不同的感受？
		背景为什么用深色？背景的深色让你有什么感觉？
		深色和浅色搭配在一起有什么感觉？
（2）它们都用了哪些表现方法？	观察不同用笔方法所表现出的不同质感	为什么这些颜色会有不同的感觉？
		观察一下它们用笔的方法一样吗？有什么不同？
		你能说说它们是怎么用笔的吗？
		不同的用笔方法画出的颜色感觉一样吗？有什么不一样？
（3）画家是在什么状态下画出这幅画的？	感受画家绘画的随意性	你能从画面看出具体内容吗？
		画家在画这幅作品时是随意的，还是事先想好的？
		画家的绘画状态是什么样的？（轻松）
3.创作引导：我们也试着以轻松的状态在深色的纸上画一幅画吧！	介绍创作材料	今天我们要用和平时不一样的深色卡纸来画一幅画
	鼓励个性化的创作	选择自己喜欢的颜色，用不同的表现方法进行绘画
4.材料提供	深色卡纸、水粉笔、水粉颜料	指导幼儿运用不同的笔法表现色彩
5.作品点评	笔法表达丰富的作品	哪幅作品运用了不同的笔法？这些不同的笔法给你什么样的感觉？
	色彩对比强烈的作品	哪幅作品色彩对比比较强烈呢？为什么？
	轻松自然的作品	哪幅作品看起来更随意、更轻松呢？你是怎么看出来的？

秋日印象——高更

图 5-3　秋日印象

1.欣赏目标	（1）观察作品中明亮、浓烈的色彩，感受秋天的美	
	（2）尝试运用作品中大面积的暖色和明亮的颜色表现秋天	
2.预设提问	引导重点	追　问
（1）这幅画表现的是什么季节的景色？	观察画面，感受画面中大面积橘色所营造的秋日氛围，及秋日景色	你从哪里看出来的？
		画面中都有些什么颜色？
		这些颜色带给你什么感受？
（2）这些颜色分别在哪里？表现的是什么？	感受画面浓烈、明亮的色彩运用	橘红色在哪里？它表现的是什么？
		黄色在哪里？它表现的是什么？
		绿色在哪里？深浅一样吗？表现的是什么？
（3）这幅作品的色彩给你什么样的感受？	感知作品明亮、浓烈的色彩所表现出的秋日之美	大面积的橘红色、黄色的运用让你有什么感觉？（快乐、温暖、浓烈、丰富等）
（4）作品中大面积的明亮色彩与小面积深色形成的对比给你什么感受？	通过面积不同的明暗对比，感受更强烈的光线感	画面中有对比吗？
		是颜色的对比还是亮度的对比？
		大面积的亮色与小面积的暗色对比想表达什么？

3.创作引导：请你用作品中的颜色创作一幅秋天的画	鼓励幼儿个性化的创作	提醒幼儿使用最能体现秋天季节特点的颜色进行创作
		鼓励幼儿大胆表现自己对秋天的理解
		可以是具体景色的表现，也可以是抽象的色彩的表现
4.材料提供	油画棒、砂纸等	
	丙烯颜料（黄、绿、橘红、黑、白等）、图画纸、毛笔等	
5.作品点评	注意使用浓烈的色彩表现秋季特征的作品	哪幅作品更能表现秋天的美？

朝阳下有收割者的麦田——梵高

图 5-4　朝阳下有收割者的麦田

1.欣赏目标	（1）感受大面积暖色调，带给人丰收的场景	
	（2）感受色彩的弱对比带来画面的和谐	
	（3）通过曲线表现麦子成熟后的景象	
2.预设提问	引导重点	追　问
（1）你能讲讲画家画的是什么情景吗？	通过画面了解收割的场景	画面上有什么？
		画面上的人物在做什么？
		画面表现的是什么场景？
		你是怎么看出来的？

（2）主要用了什么颜色来表现？	感知作品中色彩的协调	你在画面中都找到了哪些颜色？
		画上什么颜色最多？
		这些颜色统称什么色？（暖色）
		这些暖色看上去有什么变化？（深浅、明暗、色相的变化）
		大面积的暖色给你什么样的感觉？
		远处的山看上去是什么颜色？
		山和麦田的颜色给你的感觉有什么不同？（冷暖）（告知整体感觉协调）
	运用色彩表达季节	为什么用大量的暖色表现收割的季节？
（3）画家用了什么样的线条来表现正在收割的麦田？	观察画家如何运用线条表现成熟的麦穗	画家怎么表现这些成熟的麦穗的？
		线条的方向是怎样的？
		为什么线条要弯曲向下？
		画家又是用什么样的线条表现要收割的麦田的？
		这些线条给你什么样的感觉？
3. 创作引导：你能根据老师提供的图片，用这幅作品的表现方法画一幅自己的画吗？	鼓励个性化的创作	你想用什么色调表现作品？
		你想用这个色调表现什么季节？
	用适当的线条表现具体的事物	你也可以试着用画家表现成熟麦穗的线条表现自己作品中的具体事物，如盛开的鲜花、雨后的小草、覆盖着白雪的树枝等
4. 材料提供	四季乡村田野的图片	可以选择一幅自己喜欢的作品创作
	A4 纸彩色图画纸、水彩笔、油画棒	指导选用独特的色彩表达作品的个性
5. 作品点评	色彩协调的作品	哪幅作品的色彩运用比较协调？
		它选择什么色调来表现季节？色调运用的是否合适？
	最有特点的作品	哪幅作品整体看起来与众不同？特点是什么？ 它给你什么样的感觉？
	线条表现力最强的作品	哪幅作品的线条感最强？
		它用线条表现了哪些事物？

诞生日——米罗

图 5-5　诞生日

1. 欣赏目标	（1）感知画面中鲜艳的色彩及粗细变化的线条所带来的视觉冲击力	
	（2）会运用这几种颜色和线条进行绘画创作	
2. 预设提问	引导重点	追　问
（1）这幅画上都有什么颜色？给你什么感觉？	感知红、黄、蓝、绿、黑5种主要颜色的分布	红色在作品的什么地方？
		蓝色在哪里？
		绿色在哪里？
		你觉得哪种颜色用得最多？
		哪种颜色用得最少？
		你觉得哪种颜色最明亮？
		这几种颜色是用什么分开的？
（2）画面中的线条有什么变化？给你什么感觉？	感知粗线条的分割作用，及细线条的点缀作用	你在画面中看到了什么样的线条？
		这些线条有什么不一样？
		它们在画面中的作用是什么？
（3）你们知道画面上画的是什么吗？	鼓励幼儿根据自己的理解大胆想象，介绍作品	你能看出画面上都有什么吗？画的是什么？
		你会给这幅画起个什么名字呢？
		看到这幅画会让你想到什么？
		介绍作品

3. 创作引导：下面也请小朋友们用这些颜色和线条，画一幅你自己喜欢的画吧！	鼓励幼儿运用本作品的绘画元素进行大胆创作	画面主体要很突出，尽量占满这个画面
		色彩明亮简洁
		线条粗细有对比、有变化
		可以表现比较抽象的作品
4. 材料提供	素描纸、水粉纸、水粉颜料、毛笔、水彩笔、油画棒	先用深色油画棒画出轮廓，注意水粉颜色要浓稠一些，色彩会更明亮
5. 作品点评	比较有创意的作品	哪幅作品比较有新意？你喜欢这幅作品的哪些想法或表现？
	颜色明亮的作品	哪幅作品颜色最漂亮？它都用了哪些明亮的色彩？
	线条变化丰富的作品	哪幅作品运用了明显不同的线条？对这些不同的线条你有什么样的感觉？

山——康定斯基

图 5-6　山

1. 欣赏目标	（1）感受作品中鲜明的色彩对比所产生的强烈视觉感受	
	（2）大胆用对比色进行创作	
2. 预设提问	引导重点	追　问
（1）你在画面中都看到了什么颜色？	了解作品中对比色的运用	哪几种颜色用得比较多？
		这几种颜色中谁和谁是对比色？
		对比色的运用让你有什么感觉？
		你还看到了哪些颜色？
		这些颜色在画面中的作用是什么？
（2）介绍作者及作品名称	了解画家概括的表现方法	作品叫《山》，画家用了哪几种颜色表现山？
		这座山给你什么感觉？
		它和我们平时看到的山有什么不一样？
		你认为画家是根据具体内容表现山？还是根据脑中的印象表现山呢？
		闭上眼睛想象一下不同季节的山，它会是什么颜色的？怎么表达呢？
		想象一下你想要得变化神秘的山，它又是什么颜色的？怎么表达呢？
（3）这幅画最吸引你的是它的内容还是色彩呢？为什么？	（欣赏了作品之后）知道色彩在作品中的重要性	这幅作品色彩和内容哪个更吸引你？
		为什么首先吸引你的是色彩？
		什么样的色彩搭配更能引起人的注意？
3. 创作引导：你也尝试用对比色创作一幅山的作品吧！	引导幼儿根据自己的感受运用色彩	颜色的搭配要注意面积大小和数量多少的变化
		内容可以是具体的，也可以是抽象的
4. 材料提供	图画纸、油画棒、水粉纸、水粉颜料、海绵棒（更适合表现色彩）	指导幼儿使用材料
		指导幼儿掌握创作过程中的重点、难点
5. 作品点评	对比色运用较好的作品	哪幅作品大胆地使用了鲜明的对比色？
	内容有创意的作品	哪幅作品能用对比色表现比较有创意的内容？

圣马里海景——梵高

图 5-7　圣马里海景

1.欣赏目标	（1）欣赏作品对自然美的表达，感受色彩的变化	
	（2）尝试运用色彩的变化表现儿童心目中美丽的大海	
2.预设提问	引导重点	追　　　问
（1）在这幅画面中你看到了什么？	观察大海的颜色，感知海水在起伏状态下深浅的不同	大海是用什么颜色表现的？它给你什么样的感觉？（幼儿充分发表意见后根据需要启发：是"凉爽的"还是"温暖的"等）
		大海颜色的深浅一样吗？不一样的颜色给你什么样的感觉？你是从哪里看出来的？（启发：是"平静的"还是"波涛翻滚的"等）
	观察浪花的颜色，感知浪花在波动下深浅不同	浪花是用什么颜色表现的？它给你什么样的感觉？（启发："冰凉的""活跃的""扑面而来的"等）
		浪花的颜色深浅一样吗？不一样的颜色给你什么样的感觉？（启发：是"干净的"还是"感觉有点脏"等）
		用手指一指哪里的浪花颜色不一样？它是怎么造成的？（启发：是"贴近地面的"还是"在大海深处的"等）
	观察帆船的颜色，感知远处物品（天和船）的灰色调	画面中帆船的颜色看得清吗？
		为什么帆船的颜色感觉是灰蒙蒙？（启发：你觉得它离岸边很远还是很近呢？你从哪里看出来的？）
		如果海面上还有其他的东西，那它们在哪里看得清颜色，在哪里看不清呢？
	欣赏作品的色彩美	你觉得这幅画中大海的色彩美丽吗？为什么美？（在幼儿积极表达各自看法的过程中随机引导：它的色彩是不是协调一致？是不是有动感？是不是感觉好像有海风在吹，有一股自然的气息扑鼻而来？）

续表

（2）你印象中的大海是什么颜色的？	回忆经历或者感知过的大海景象	你印象中的大海与这幅画中的大海颜色一样吗？（如回答不一样，继续追问：它是什么颜色的？）
		不一样颜色的大海给你什么样的感觉呢？
	闭上眼睛联想大海的景象	想象一下在阳光照耀下大海还会变成什么颜色呢？（根据儿童的回答进一步启发：那你想象的大海是什么时间的海？是早晨，还是中午或者傍晚呢？）
		你想象中的××色的大海也是颜色深浅不同吗？怎么不同呢？
		你想象的大海海面上也有帆船、浪花或者别的什么东西吗？
		它们看上去是怎样的呢？（启发：色彩、轮廓清楚吗？）
3. 创作引导：请你们也按照自己的想法创作一幅大海的图画吧！	鼓励个性化的创作	根据讨论时孩子的想法加以提醒，并引导完善 询问个别孩子，帮助其建立自己的想法
	强调色彩深浅的变化	提醒幼儿选择同色调的笔表达出海水和浪花的深浅不同
	强调色彩在远、近方面的区别	提醒幼儿用鲜明的颜色表达近处的物体，用模糊的颜色表达远处的物体
4. 材料提供	绘画纸、水粉	根据儿童的想法提供颜色适宜的水粉 指导蘸颜色的良好习惯，色彩变化的表达技法
	砂纸、油画棒	根据儿童的想法提供颜色适宜的油画棒 指导探索底色的表达和颜色覆盖的技巧
5. 作品点评	色彩搭配协调的作品	哪幅作品表达出了海水颜色深浅的变化呢？这样的海给了你什么样的感觉呢？（引导："平静"还是"动荡"）
		哪幅作品表达出了物体远近的色彩变化呢？这样的海景给了你什么样的感觉呢？（引导："感觉辽阔"还是"感觉很近"）
	色彩表达有个性的作品	哪幅作品海水的颜色和画家的不一样呢？它看上去像是什么时间的大海？
		颜色不一样的海水给我们的感觉有什么不同吗？

第二节 线条欣赏提问预设

女人的半身自画像——毕加索

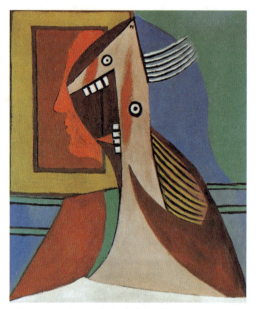

图 5-8 **女人的半身自画像**© Succession Picasso 2015

1.欣赏目标	（1）观察画面中多种线条的不规则运用，感受作品夸张的表现风格	
	（2）尝试运用多种线条进行夸张地绘画	
2.预设提问	引 导 重 点	追 问
（1）你觉得这幅画画的是什么？	观察感知画面	这是一个什么人？你是怎么看出来的？是男人，还是女人？
		人的五官在哪儿？
（2）画家是怎样表现女人的？	观察画面线条的不同运用，感受变化丰富的画面细节	画家画这个女人用的是什么样的线条？（直线、曲线、折线；长线、短线；密集的曲线等）
		画家是用线条表现女人哪里的特点？（头发、牙齿、腮红等）
		头发是用怎样的线条表现的？它们在哪里？
		牙齿是用怎样的线条表现的？它们在哪里？
（3）直线条、曲线条的运用给你什么样的感受？	感知作品夸张的表现风格	画面中运用多种线条所表现的女人给你什么样的感觉？（凶恶、伶牙俐齿、尖刻等；直线和曲线结合更生动、更富有变化）
		谈谈你的感受？（夸张、变形的排列组合）

续表

3.创作引导：请你用不同的线条夸张地表现一个人	鼓励幼儿个性化的创作	提醒幼儿人物要画大，并尝试使用多种线条分割画面
		提醒幼儿使用不同的线条表现画面细节及人物的特征
4.材料提供	粗细不同的各色彩色铅笔、记号笔、毛笔、广告色（红、黄、蓝、白色等）、图画纸等	
5.作品点评	注意线条表现丰富、形象夸张的作品	哪幅作品使用了丰富的线条表现人物的主要特征？
		哪幅作品表现的人物形象比较夸张？

坐着的女人——米罗

图 5-9　坐着的女人

1.欣赏目标	（1）观察作品中的概括线条，感受画面的简洁美	
	（2）尝试运用简洁概括的线条进行创作	
2.预设提问	引导重点	追　　问
（1）你觉得这幅画画的是什么？	观察感知画面线条的简洁造型	画面上都有什么？（颜色和线条）
		这些线条画像什么？
		这幅画画的是一个什么人？
		你是怎么看出来的？
		画家是用什么表现这个女人的？（线条）
（2）画家是怎么画的？	观察画面，感受画面丰富多变的细节，了解画家抽象的表现手法	请你仔细看一看画家是怎么表现这个女人的？（简洁的线条与多变的色彩块面）
		它和平时画人的方法一样吗？
		我们在画人的时候都是怎么画的？
		画家画的人是怎样的？你能找到五官和四肢吗？这是怎样的表现方法呢？（抽象的表现方法）
（3）这幅作品带给你什么感受？	感受作品画面的简洁美	这幅画主要由什么组成的画面？（线与线，形与形组成结构，简单的色彩）
		你觉得这样的画面与我们平时画的人有什么不同？
3. 创作引导：请你用这种方法画一个你熟悉的人	强调用线条表现细节	提醒儿童人物要画大，用线条与块面交错造型
	鼓励个性化的创作	提醒儿童表现出人物特征
		引导儿童用简洁的线条表现人物的外轮廓
4.材料提供	白纸、水彩笔、黑色记号笔、小刷子、彩色颜料等	根据儿童的想法提供适宜的工具
5.作品点评	注意线条丰富、形象夸张的作品	线面交错，细节丰富的作品
		表现人物特征的作品
		表现人物不同姿态的作品

麦田与柏树——梵高

图 5-10　麦田与柏树

1.欣赏目标	(1) 欣赏作品中曲线所构成的扭动的形体，感受律动与和谐之美	
	(2) 尝试用曲线表现画面	
2.预设提问	引导重点	追　　问
(1) 这幅画中都画了什么？	观察画面的内容及构图安排	画面中都有什么？
		它们分别都在画面的什么位置？
		画面安排有什么特点？
		看到这幅画你有什么感觉？
(2) 画面中的物体是如何表现的？	观察作品中不同的线条表现出的不同物体	请你们找一找画面中的线（构图线和表现物体的曲线）
		这些线是直线还是曲线？
		它们的长短一样吗？方向一样吗？
		麦田、柏树与云彩的曲线一样吗？有什么不一样？
(3) 这种用线画出的扭动的形体带给你什么感受？	感受曲线的动感之美	曲线让这些物体有了怎样的感觉？
		曲线让这个画面有了怎样的感觉？
		这样的表达方法和平涂的色彩有什么区别？
3.创作引导：你也试着用这种方法画一幅画吧！	介绍创作材料	示范几种不同笔触的表现方法
	鼓励个性化的创作	你想画一幅什么样的画呢？你的画面里都有什么？
		想想怎样摆放它们画面会更好看？
	用不同的曲线来表现画面	要用不同的曲线来表现自己的画面
		线的长短、方向要有变化,这样画面看起来会更有动感、丰富、有层次

4.材料提供	图画纸、水粉纸、油画棒、水彩笔	指导选用颜色适宜的纸和笔
5.作品点评	线条表现力较强的作品	哪幅作品的线条表现最丰富？ 哪幅画面表现得最具有动感？
	线条表达有特点的作品	哪幅作品的线条很有特点呢？ 它给你什么样的感觉？

女人——米罗

图 5-11　女人

1.欣赏目标	（1）感受作品简单的色彩表现及夸张的绘画风格	
	（2）鼓励幼儿运用相同的风格创作命题画	
2.预设提问	引导重点	追　　问
（1）你在画中看到了什么？	感受抽象画对事物的表现方法，大胆表达自己的感受	你知道画家画的是什么吗？
		看完这幅画你有什么感觉？
		你喜欢这样的感觉吗？为什么？
		还有谁的感受和前边说的不一样？你的感受又是怎样的？
		喜欢这幅画的理由是什么？
		不喜欢这幅画的理由又是什么？
（2）这幅画主要是用什么样的线条和颜色来表现的？给你什么样的感觉？	观察画家用笔和用色的方法	画面中用了什么样的线条进行表现？
		这些线条有什么特点？
		这些线条给你什么样的感觉？
		画面中用了哪些颜色？都是什么颜色？
		哪种颜色用得最多？这样用色给你什么感觉？
（3）介绍作品名称，这是个什么样的女人？	感觉作品夸张的表现手法	画中的女人和我们见过的女人一样吗？
		画家用了什么方法表现女人？（夸张）
		这种表现方法与其他的表现方法有什么不同？
		这种画法给人什么感觉？
3.创作引导：你也尝试用夸张的线条和简单的颜色画一个自己身边的人吧！	鼓励个性化的创作	可以选择一个你最喜欢的女人作为绘画对象，如自己的妈妈、奶奶、好朋友等，也尝试用夸张的表现方法画一幅有意思的画
4.材料提供	素描纸、水粉纸、水粉颜料、毛笔、水彩笔、油画棒	指导幼儿充分运用材料的特点表现夸张的画法
5.作品点评	表现夸张的作品	哪幅作品的表现比较夸张？你为什么喜欢他的作品？
	线条表达有特点的作品	哪幅作品的线条很有特点呢？有什么特点？与别人不一样的是什么？

夜空——梵高

图 5-12　夜空

1.欣赏目标	（1）欣赏梵高的作品，感受画面中流动的笔触所表达出来的强烈情感	
	（2）感知画面中的基本绘画表现方式，尝试用短线表现星空	
2.预设提问	引导重点	追　问
（1）你喜欢这幅画吗？为什么？	自由表达对作品的感受，相互讨论交流	这幅画带给你什么样的感受？
		你喜欢这样的感受吗？为什么？
		还有谁的感受和前边说的不一样？你的感受又是怎样的？
		喜欢这幅画的理由是什么？
		不喜欢这幅画的理由又是什么？
（2）画上都画了什么？	观察作品内容，逐一感知其特征	画中的天空是什么样子的？和你见过的天空有什么不同？
		画中的树是什么样子的？和你见过的树有什么不同？
		画中的房子是什么样子的？和你见过的房子有什么不同？
		画中的地面是什么样子的？和你见过的地面有什么不同？
	介绍作品的名字，了解主题的表达	画家给这幅作品起名叫《夜空》，我们从哪可以看出画家表现的是夜空呢？
		启发：谁的颜色最醒目；谁占的面积最大；谁的线条最有力量

续表

（3）作品中主要的物体是怎么画出来的？	感知线条的绘画方法	这幅画中不同的物体都是怎么画出来的？
		线条是直的还是弯的？
		线条是长的还是短的？
		线条是连续的还是断的？
		线条方向相同吗？
（4）这种笔触画出的画有什么感觉？	探索交流各自的感受	你看了有不安的感觉吗？（神秘、害怕、激动）
		你觉得这幅画很特别吗？什么地方特别？
		这幅画给你的印象深刻吗？什么地方印象深刻？
3.创作引导：你也试着用这种方法画一幅有关夜空的作品吧！	介绍创作材料	示范不同彩纸的效果，黑卡纸的效果
	鼓励个性化的创作	先想一想你的夜空里都有什么？帮助个别幼儿建立自己的想法
	强调用适当的线条和表达方法	提醒用短线连接的方法画
		提醒用弯曲的、带有方向的线来画
4.材料提供	深蓝、浅蓝、灰色、深紫色复印纸；深蓝色单色水笔；彩色油画棒	指导选用颜色适宜的纸和笔
	A4纸、深蓝色单色水笔、彩色油画棒	指导选用独特的色彩表达作品的个性
5.作品点评	线条表达丰富的作品	哪幅作品运用了明显不同的线条？对这些不同的线条你有什么样的感觉？
	线条表达有特点的作品	哪幅作品的线条很有特点呢？它给你什么样的感觉？
	色彩或内容有特点的作品	哪幅作品表现了与众不同的内容呢？

第三节 构图欣赏提问预设

山崖——修拉

图 5-13 山崖

1.欣赏目标	（1）感知画面构图表现形式，体会画面景物远近空间关系	
	（2）尝试运用画面中的构图方式表现景物空间关系	
2.预设提问	引 导 重 点	追 问
（1）这是什么地方的景色？	观察感知画面内容，初步感受画面与众不同的构图方式	画面中有什么？
		这样的景色你熟悉吗？
		站在山上看大海你有什么样的感觉？
（2）这些景物在画面中的什么位置？	观察画面景物位置，感受画面景物的远近关系，以及这样的关系所表现的空间感	离你最近的是什么？它在画面什么位置？
		离你最远的是什么？它在画面什么位置？
		离你比较远的是什么？它在画面什么位置？
		你觉得画家想突出表现的是山崖还是大海？
（3）这幅作品带给你什么感受？	感受作品画面空间关系带来的美感	这样的构图形式给你什么样的感受？
		如果都是大海是什么感觉？
		都是山崖又会是什么感觉？
		这样以山崖为主、大海为辅的表现方法与其他表现海的作品有什么不同？

续表

3. 创作引导：你也用这样的远近构图方式模仿画一幅作品	强调画面的构图形式，用主体的突出来衬托出远处的景色	提醒幼儿关注远景、近景的不同构图方式
		提醒注意景物近大远小的空间关系
4. 材料提供	白纸、水彩、油画棒、丙烯颜料、广告色等	根据幼儿的想法提供适宜的工具
5. 作品点评	强调作品的构图方式表现出的景物远近空间关系	哪幅作品表现的画面景物有远有近？

水彩画——米罗

图 5-14　水彩画

1. 欣赏目标	（1）感受色块构图的独特表现形式
	（2）观察不同的颜色摆放的位置及视觉感受
	（3）尝试用色块进行构图创作

2.预设提问	引导重点	追问
（1）画面中有什么颜色，这些颜色都在画面的什么位置？	感受颜色所在的不同位置带来的不同感受	看看老师手里都有些什么颜色？（出示与作品相类似的颜色卡）
		我把浅颜色放在上面，画面看起来是怎样的？
		深颜色放中间呢？画面有什么感觉？
		浅颜色放下面呢？
		颜色放在不同的位置，你看到的感受一样吗？
（2）除了颜色不一样，你们看到颜色有其它的不同吗？	通过观察发现这些色块还有大小、笔触和方向的不同	你发现这些颜色还有什么不同吗？
		它们的大小一样吗？深色大一些还是浅色大一些？
		这些颜色有方向吗？你是怎么发现的？
		颜色涂抹的有什么不同？都很均匀吗？
（3）画家是在玩颜色的游戏吗？	感受画家的游戏心态	画家在画这幅画的时候，把这些颜色当成了什么？（小玩具、小积木块）
		他让这些颜色在做什么？（玩游戏、拼积木）
		他画画时的心情是怎样的？
3.创作引导：我们也来和这些颜色做个好玩的游戏吧！	用不同材料的颜色创作	这个作品可以画，也可以剪贴，你可以选择自己喜欢的材料和颜色，剪出不同的形状，摆摆拼拼，看看怎样放最舒服？
	用颜料和不同的画笔进行创作	你试试用不同的笔蘸上颜料来进行创作吧！
4.材料提供	深色卡纸、水粉笔、水粉颜料、硬纸板、板刷、硬麻衬、水彩笔、砂纸、油画棒	指导幼儿运用不同的材料表现色彩
5.作品点评	色彩对比强烈及布局和谐的作品	哪幅作品色彩对比比较强烈呢？为什么？
		哪幅作品色彩的分布位置让你感觉比较舒服？为什么？
	笔法表达丰富的作品	哪幅作品运用了不同的笔法？
		这些不同的笔法给你什么样的感觉？
	材料选择有特点的作品	哪幅作品的材料选择与众不同？
		用这种材料表现出的作品有什么特殊的效果？

有色块的构图——蒙德里安

图 5-15　有色块的构图

1.欣赏目标	（1）引导儿童感受作品独特的块状表现方法	
	（2）引导儿童体会作品传达出的节奏与韵律美	
2.预设提问	引 导 重 点	追　　问
（1）你觉得这幅画有什么特点？	观察感知画面	这幅画都用了什么样的线？（水平和垂直两种线条）
		这样的线条构成了什么形状？（各种不同的正方形、长方形）
（2）这幅画用了什么颜色？	观察画面，体会色彩的纯净美	这幅画用了红、黄、蓝三原色，带给你什么样的感受？（纯净、强烈、明快）
（3）这幅作品带给你什么感受？	感受作品节奏与韵律的秩序与美感	画面进行这样的分割与排列，给你什么样的感受？（节奏、韵律、平衡）
		你喜欢这幅作品吗？为什么？
3.创作引导：你也学习用这种的方法画一幅画吧！	强调水平线、垂直线的运用	提醒儿童用直线表达
	强调色彩的使用	提醒儿童运用红黄蓝三原色或黑白灰来表示
	鼓励个性化的创作	鼓励儿童在画面分割与色彩运用上的发挥
4.材料提供	白纸、水彩笔、油画棒、黑色记号笔	根据儿童的想法提供适宜的工具
5.作品点评	富有节奏与韵律美的作品	你认为哪幅作品最好看？为什么？
		与画家的方法最相像的作品是哪幅？
	有趣的作品	你觉得哪幅作品最有趣？

女人和鸟——米罗

图 5-16 女人和鸟

1.欣赏目标	（1）感受画面中夸张奇特的造型及颜色的深浅对比	
	（2）根据作品的特点进行大胆的创作	
2.预设提问	引导重点	追问
（1）你喜欢这幅画吗？为什么？	自由表达对作品的感受，相互讨论交流	这幅画带给你什么样的感受？
		你喜欢这样的感受吗？为什么？
		还有谁的感受和前边说的不一样？你的感受又是怎样的？
		喜欢这幅画的理由是什么？
		不喜欢这幅画的理由又是什么？
（2）画上都画了什么？	观察作品内容，逐一感知其特征	你在画面中都看到了什么？
		它们像什么？
		它们都在画面中的什么位置？画在这个位置给你什么感觉？
		你觉得画的名字和画面的内容能联系到一起吗？它和名字有什么差别？
		这样的表现有什么特点？
（3）作品中运用了哪些颜色？	感知深浅色彩的强烈对比	画面中运用了哪些颜色？
		主体使用的是什么颜色？有什么感觉？
		背景运用了什么颜色？有什么感觉？
		主体和背景的深浅颜色对比给你什么感觉？

续表

3. 创 作 引导：我们也来用这种夸张的表现方法和深浅对比的色彩画一幅画吧!	鼓励幼儿大胆有个性的创作	用这种表现方法画一幅《我和××》的作品吧!
	强调用夸张的手法进行表现	注意构图要主体突出，表现内容要夸张
4. 材料提供	素描纸、水粉纸、水粉颜料、毛笔、水彩笔、油画棒	选择自己喜欢的材料进行绘画
5. 作品点评	表现夸张的作品	哪幅作品表现得比较夸张？ 你为什么喜欢他的作品？
	线条表达有特点的作品	哪幅作品的线条很有特点呢？有什么特点？与别人不一样的是什么？
	色彩表现强烈的作品	哪幅作品的色彩表现得最强烈？它用哪些颜色表现强烈对比？

文森特的椅子——梵高

图 5-17 文森特的椅子

1.欣赏目标	（1）感受画面中暖色调给人的温暖的感觉，及对于主体（椅子和烟斗）细节的描绘所表达出的细腻情感	
	（2）通过了解作品的故事背景，感受画家通过物品所表达出的内心情感	
2.预设提问	引导重点	追　　问
（1）画面中有什么？	观察作品突出的构图特点，感知其对主题的表达	椅子在画面的什么位置？
		放在这么重要的位置说明了什么？
		椅子上面还有什么？
	感受画面所表达的时间感和空间感	除了椅子和烟斗，你还看到了什么？
		椅子放在了什么样的房间里？它像现在的房间还是过去的房间？
		你认为这把椅子用过很长时间吗？你从哪里看出来的？
（2）猜猜画家想用椅子和烟斗表达什么？	感受画家通过物品所表达出的内心情感	为什么画的是椅子和烟斗而不是别的？
		你觉得这会是谁用过的椅子和烟斗？
		画家想通过椅子和烟斗表达什么呢？
		你有没有过和画家一样的心情呢？看到某个东西的时候会想到一个人？请你来说一说！
（3）这幅作品的色调是什么样的？	感知色彩所表达的情绪情感	这幅作品用了哪些颜色？变化丰富吗？颜色的差别大吗？
		主要的色调是什么？你是怎么看出来的？
		这样的色调给人什么样的感觉？
		画家为什么要选择这样的色调为主色调？表达什么心情？
（4）介绍作品的故事背景，听完这个故事后，你对这个作品有什么新的认识？	鼓励探索交流各自的感受	画家为什么要画椅子和烟斗来表达自己的心情？
		画家是通过什么方法表达自己的内心感受和情感的？他还有更好的办法表达怀念吗？
		画家用了什么色调表达自己的思念之情？这种怀念与说和写的表达有什么不同？
		你喜欢这种表达的方法吗？说说你现在对作品的理解和感受
3.创作引导：你也试着用一件物品表达一个和你有关的故事吧！	介绍创作材料	强调对颜色组合的控制和使用方法
	鼓励个性化的创作	想一想你身边有没有物品可以和人联系到一起
	强调用适当的构图和色彩进行表现	提醒用主体突出的构图的方式进行表现
		可以用适当的色调表达自己的心情

4.材料提供	素描纸、水粉颜料、水粉笔、油画棒	指导幼儿选用适宜的纸和笔
5.作品点评	构图特点突出的作品	哪幅作品的构图突出了主体？它让你想起了什么？
	色调明确的作品	哪幅作品使用了明确的色调？它表达了什么样的情绪情感？
	感情色彩浓重的作品	哪幅作品的内容最吸引你？ 请幼儿讲一讲自己画面中的故事

第四节　技法欣赏提问预设

几个圆形——康定斯基

图 5-18　几个圆形

1.欣赏目标	（1）欣赏作品，感受画面的特殊表现技法	
	（2）尝试用多种材料进行类似技法的创作	
2.预设提问	引导重点	追　　问
（1）你在画面中看到了什么？	引导幼儿观察画面中主要颜色的变化规律	它们都是什么形状的？
		都用了哪些漂亮的颜色？
		这些圆形有什么不一样？
		除了大小不一样，你发现了哪些色彩上的变化？
		这些图形是怎么表现出来的？
（2）你猜猜这幅作品是怎么表现出来的？	引导幼儿大胆想象	我们可以用哪些方法来表现这些圆形呢？
		我们可以用哪些材料表现这些圆形？
		圆形相交的色彩变化我们可以怎么样表现呢？
		除了表现圆形，我们还可以表现什么形状？
		这幅作品为什么选用黑色作背景？
		我们还可以选择什么材料作背景？
3.创作引导：你也试着找一找周围能利用的材料，创作一幅作品吧！	鼓励个性化的创作	鼓励幼儿大胆选择适宜的材料进行创作
	引导幼儿运用简洁的线条和色彩创作作品	你可以自己选择一种材料进行创作
		还可以选择多种材料混合在一起，互相搭配进行创作
4.材料提供	多种材料	教师可提前和幼儿一起收集创作作品所需要的材料
5.作品点评	材料选择有创意的作品	哪幅作品的材料选择比较有创意？
	整体效果突出的作品	哪幅作品整体感觉比较好呢？你是从哪几方面评价它的整体效果好的？

面具（蓝色）——米罗

图 5-19　面具（蓝色）

1.欣赏目标	（1）了解制泥作品的特殊表现方法	
	（2）尝试用适宜的材料进行创作	
2.预设提问	引导重点	追　问
（1）你觉得这个作品表现的是什么？	引导幼儿观察作品表现的内容	看到这个作品你想到了什么？
		作品表现的是什么内容？
		介绍作品名称
		米罗表现的面具和我们平时看到的面具一样吗？（不是佩戴的，而是展示给别人看的）
		他的面具有什么特点？
（2）画家用什么材料完成的作品？	了解使用材料及制作方法	它用了什么材料？
		这种材料有什么特点？
		怎样在这种材料上面作画？
		用什么材料或方法作画？
		不同的方法作画表现出的效果一样吗？
		画面上还有一些凸起的造型，是怎么制作的？
		画家为什么加上这些造型？对作品起到了什么作用？

（3）我们可以用什么材料来进行创作？	引导幼儿大胆想象	我们可以用什么美工材料像米罗一样进行面具的创作？
		除了用泥我们还可以用什么材料进行创作？
		你想选择什么材料？为什么？
		不同材料能选择一样的表现工具吗？（如软的材料可以用手，稍硬的就要用适当的工具）
3.创作引导：请你在老师提供的材料里选择一个你喜欢的，创作一幅作品。作品要具体	鼓励个性化的创作	鼓励幼儿大胆选择适宜的材料进行创作，鼓励幼儿按照意愿选择材料创作面具
	引导幼儿根据材料选择工具	看看你选择的材料适合用什么工具进行创作？
		软硬不同的材料，工具也要有所不同
4.材料提供	纸浆、胶泥、沙子、软陶、彩泥等适合雕刻的材料；吹塑纸、皱纹纸等适合粘贴、装饰的材料	教师可提前和幼儿一起收集创作作品所需要的材料；使用不同的材料制作面具需要注意哪些问题
5.作品点评	材料选择有创意的作品	哪幅作品的材料选择比较有创意？
	工具选择适宜的作品	哪幅作品的工具与材料搭配比较合适？
	整体效果突出的作品	哪幅作品整体感觉比较好呢？你是从哪几方面评价它整体效果好的？

克里奥尔的舞者——马蒂斯

图 5-20　克里奥尔的舞者

1.欣赏目标	（1）感受画面中高纯度的颜色及抽象的人物形态拼贴一起带来的装饰性美感	
	（2）尝试运用自由剪纸拼贴的方式进行创作	
2.预设提问	引 导 重 点	追　　问
（1）你在画面中看到了什么？	观察画面，感受画面浓烈、明亮的色彩运用及夸张抽象的人物形态	介绍作品表现的是一个舞者
		画家是怎样表现舞者的？
		画面中的舞者是在怎样的背景下舞蹈？强调色块构成的背景
（2）这幅作品是用什么方式创作的？	感受画面独特的表现风格	这幅作品是用什么方式表现舞者的？
		这幅作品是用什么方式表现舞蹈的背景的？
（3）这幅作品给你什么样的感受？	感知作品表现出的装饰性美感	表现舞者的方式给你什么样的感受？（夸张的、动态的、抽象的、美丽的等）
		表现背景的方式又给你什么样的感受？（热烈的、浓烈的、愉悦的等）
3.创作引导：请你用作品中的创作方式创作一幅表现人物动作的画	鼓励幼儿个性化的创作	提醒幼儿使用鲜艳的颜色进行创作
		鼓励幼儿大胆创作表现夸张的人物动作
4.材料提供	各色彩纸、剪刀、胶水等	指导幼儿将剪好的人物粘贴在准备好的背景纸上
	各种废旧材料	指导幼儿大胆使用各种适宜的废旧材料

5.作品点评	看看谁的剪贴作品颜色丰富、造型夸张、漂亮	哪幅作品的色彩浓烈、鲜艳?
		哪幅作品的人物动作表现得比较夸张、漂亮?

鸟的爱抚——米罗

图 5-21　鸟的爱抚

1.欣赏目标	（1）观察画面中的作品，感知画家独特的创作手法所带来的趣味性	
	（2）尝试使用简单图形进行组合	
2.预设提问	引导重点	追　问
（1）你在画中看到了什么?画面中的作品像什么?	引导幼儿观察画面中使用的表现方法	介绍这是一件雕塑作品，名字是《鸟的爱抚》
		按作品构成顺序提问幼儿
（2）颜色、图形分别在哪里?表现的是什么?画家是用什么材料创作的?	感受作品明亮简单的色彩运用及抽象的图形表现	红色、绿色、黄色、蓝色分别在哪里? 它是什么形状? 表现的是什么?
		作品是平放的? 还是竖立的?
		用什么材料能够让作品立起来?
		使用什么方法固定?

续表

（3）这个雕塑作品给你什么样的感受？	感知作品明亮、浓烈的色彩以及简单的图形所表现出的抽象雕塑的趣味性	这个雕塑作品的颜色使用给你什么样的感受？（鲜艳、明亮）
		作品的制作方法给你什么样的感受？（好玩、有趣）作品中鸟在哪儿？怎样体现了爱？（可从创作、情感两个角度引导）
3.创作引导：请你用作品的制作方法创作一件雕塑作品	鼓励幼儿个性化的创作	提醒幼儿使用鲜艳、简单的颜色进行创作
		鼓励幼儿运用各种简单图形进行立体雕塑制作
4.材料提供	各种形状的硬纸板、排刷、广告色（红、黄、蓝、绿）、双面胶等	
	各种废旧材料、剪子、胶水及瓶子、笔等支撑物	
	万通板等材料	
5.作品点评	注意体现画中雕塑元素的幼儿作品	哪件幼儿雕塑作品形象更简单、有趣？

朝阳下被圈起来的田地——梵高

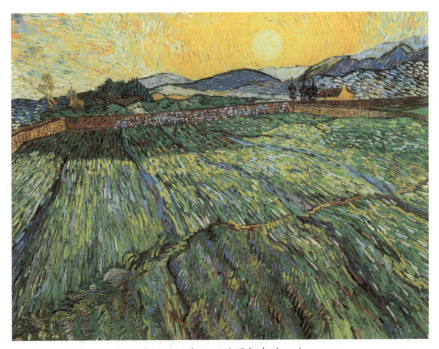

图5-22　朝阳下被圈起来的田地

1.欣赏目标	（1）欣赏梵高的作品，体会画面中具有方向性的短线带给人的视觉感受	
	（2）尝试运用具有方向性的短线进行表现	
2.预设提问	引导重点	追　　问
（1）画面的线条有什么特点？	感受线条有规律排列的美感	你在这幅画中发现哪些线条？
		这些线条一样吗？它们有什么不同？
		这些线条是长的还是短的？是凌乱的还是有规律的？
		这些有规律的线条让你有什么感觉？
（2）表现田地与太阳的线有什么不同？	观察不同排列规律的线条所表现的不同美感	除了长短粗细不同，还有什么其他的不同？（方向）
		画家为什么用不同方向的线条表现不同的事物？
		不同方向的线条使画面看起有怎样的感觉？
（3）这种有组织的线条画出的画带给你什么感觉？	感知线条的绘画方法	视觉效果是强烈还是柔和？
		是单调还是丰富？
		是平面还是有层次？
		用各种颜色的线条排列和我们平时绘画涂色一样吗？视觉上有什么不同？
		这种画法带给你什么感觉？
3.创作引导：线条方向的不同带给人的感受是不一样的，你可以尝试运用这种方法画一幅画吗？	介绍创作材料	油画棒和水彩笔都可以画出这种效果
	鼓励个性化的创作	我们可以用这种方法表现任何事物
		你可以选择自己喜欢的东西或景色进行创作
	强调用有规律的线条表现作品	可以先用简单的线条表现事物的轮廓
		用有方向性的短线条表现事物的色彩，注意排列的规律，色彩的变化（教师可简单示范）
4.材料提供	水彩笔、油画棒	注意尽量选择用同色系的颜色表现一个事物
	图画纸、水粉纸	不同的纸张能表现不同的肌理效果
5.作品点评	线条排列规律的作品	哪幅作品的线条排列比较有规律？它运用了哪些规律进行表现？
	线条表达有特点的作品	哪幅作品的线条很有特点呢？它给你什么样的感觉？
	线条表达有方向感的作品	哪幅作品的线条比较具有方向感？这样的画面视觉效果和其他的作品有什么不同？

鸟在天空爆炸的时候——米罗

图 5-23　鸟在天空爆炸的时候

1.欣赏目标	（1）感受作品凌乱的线条所表达的情绪情感，以及红、黄、绿色点在画面中起到的协调和点缀作用	
	（2）尝试用线和色表达自己的情绪情感	
2.预设提问	引导重点	追　　问
（1）画面上什么内容给你的印象最深？	感受画面中自己认为最强烈的东西	看到这幅作品你有什么感受？
		你喜欢这样的感受吗？为什么？
		喜欢这幅画的理由是什么？
		不喜欢这幅画的理由又是什么？
（2）这些线条给你什么感觉？	感受画面所表达的情绪情感	画中都有什么样的线条？有什么不同？
		画家想通过这些线条表现什么？
		画面中除了线条你还看到了什么？
		这些线条和泼墨表现了画家怎样的心情？
（3）你能找到画面中的几个颜色？	感知简单颜色在画面中的作用	它们分别在画面中的什么位置？
		这几个颜色是以什么形式表现在画面中的？（点、线）
		它们在画面中的作用是什么呢？
（4）你知道这幅画叫什么名字吗？	介绍作品的名字，了解主题的表达	你会给这幅作品起个什么名字呢？
		介绍作品的名字

续表

3. 创作引导：你也尝试用夸张的线条和简单的颜色表达一下自己的情绪吧！	鼓励个性化的创作	你想象中的鸟在天空爆炸的时候是什么样子的？你也试着用画家的表现方法创作一幅画吧！
4. 材料提供	素描纸、水粉纸、水粉颜料、毛笔、水彩笔、油画棒	指导选用适宜的纸和笔
5. 作品点评	画面有想象的作品	哪幅作品最有意思？ 哪幅作品想象力最丰富？
	线条表现力较强的作品	哪幅作品的线条很有特点？ 哪幅作品的线条最富有表现力？
	情绪情感表达突出的作品	哪幅作品表达的情绪情感最突出？ 你是怎么看出来的？你感受到作者怎样的情感？

夕阳下的柳树——梵高

图 5-24 夕阳下的柳树

1. 欣赏目标	（1）感知画面暖色调的丰富变化，体会由此产生的和谐与变化之美
	（2）尝试用同色调的线条表现丰富的画面

续表

2.预设提问	引导重点	追问
（1）画面上都有什么？	观察画面所表现的事物	你从画面上都看到了什么？
		它们分别在画面的什么位置？
		画面的主体是什么？（树）是怎么表现在画面中的？
		画面上还有什么重要的东西？分别在画面的什么位置？
		介绍作品的名称，你见过的柳树和画上的柳树一样吗？
		一样的地方是什么？（都有树干和树枝）
		不一样的地方是什么？（树的轮廓不同）
		和你见到的别人画的树比呢？和你画过的树比呢？
		看到这幅画你有什么感受？你觉得它吸引你吗？
（2）画上都有什么颜色？	感受画面暖色调的丰富变化带来的色彩和谐与变化之美	这幅画主要用了哪些颜色？
		你能找出几种不同的黄色？
		这些黄色是怎么变化的？（位置、表现事物等）
		你能从画面色彩上看出时间和季节吗？怎么看出来的？
		画家用什么颜色表现的柳树？为什么选择用冷色？
		画面中还有什么是冷色？起什么作用？
		冷色和暖色相比较，哪个色调更多一些？
		大面积暖色和小面积冷色使画面看起来有什么效果？
		柳树的冷色和背景的暖色给你什么感觉？
（3）画家用的什么方法表现的画面？	感知颜料的使用方法，体会这种笔触的艺术效果	这幅画是用怎样的笔法画出来的？
		线条是有力还是柔软？
		有力的线条是怎么画的？
		使用的笔是硬的还是软的？
		使用的颜料是稀的还是比较干的？
		粗细不同的线条是用一样的笔吗？
3.创作引导：你也试着用这种方法画一幅有关傍晚大树的作品吧！	鼓励个性化的创作	想想你要画一些什么样的大树？
		背景中有什么？
	强调用明确的色调和适当的线条表现作品	请你也尝试用各种变化的线条表现作品，你要用什么样的色调来表现？
		请选择一个你喜欢的色调来表现作品选什么相近的颜色来搭配？
		用怎样的线条来表达不同的事物？

续表

4.材料提供	水粉纸、水粉颜料、水粉笔	指导幼儿用较浓稠的颜料创作这幅画
5.作品点评	色调表达明确的作品	哪幅作品色调比较明确？哪幅作品颜色比较丰富？
	线条表达有特点的作品	哪幅作品的线条很有特点呢？ 它给你什么样的感觉？

第五节　国画欣赏提问预设

草菇、竹笋——齐白石

图 5-25　草菇、竹笋

1.欣赏目标	（1）感知画面中草菇和竹笋的不同表现方法	
	（2）体会国画中所表现的生活情趣	
2.预设提问	引导重点	追　问
（1）这幅画上画了什么？	将绘画主题与幼儿生活建立联系，引导幼儿多方面进行感知	你们见过这两样东西吗？
		在什么地方见过？
		知道它们的味道吗？
		你们认为它们美吗？
（2）两个内容的用笔有什么不一样？	观察不同事物的不同表现技法	画中草菇和竹笋的画法一样吗？有什么不同？
		墨色的运用一样吗？用笔的粗细一样吗？
		为什么选择不同的方法来描绘？
		两种不同的表现方法使事物看起来有什么不同吗？
（3）这些内容表达了画家什么样的情感？	感知画家的心情和生活情趣	画家为什么选择这两样东西作为绘画的主题？
		他绘画的时候是什么样的心情呢？
		通过作品你能感受到画家是一个什么样的人吗？
		你认为还有什么事物可以作为国画绘画的主题呢？
3.创作引导：你也用生活中自己喜欢的事物或物品画一幅简单的画	鼓励个性化的创作	你有没有自己很喜欢的东西？
		可以选择2~3件作为你的绘画主题
	安排好画面的构图	想好这张纸是横着用还是竖着用
		怎么摆放它们画面会更好看？
	选择适当的表现方法	不同的事物要用不同的画法来区分
		想一想你想用哪些方法来表现自己的作品
4.材料提供	毛笔、墨汁、宣纸、颜料、毡垫或报纸、涮笔筒	指导幼儿合理摆放绘画材料
		线条的粗细变化是怎样表现出来的？
		怎样能让墨色的浓淡有变化？
5.作品点评	内容选择是否有情趣	哪幅画的内容最有意思？为什么？
	不同的事物是否运用了不同的表现方法	哪幅画的表现方法最丰富？变化最多？它都运用了哪些不同的表现方法？有哪些变化？

牡丹——齐白石

图5-26 牡丹

1.欣赏目标	（1）学习牡丹的用色及用笔方法	
	（2）观察叶子的不同表现方式并大胆尝试	
2.预设提问	引导重点	追　问
（1）国画中的牡丹与其他绘画中的牡丹的画法有什么不同？	观察国画中牡丹花花瓣的表现方法	其他绘画形式中的牡丹花是怎么画的？（先描轮廓再涂色）
		国画中是怎样表现牡丹花的？（直接用侧锋表现花瓣）
		这幅作品中的牡丹花是什么颜色的？生活中的牡丹花还有什么颜色？
		花瓣的浓淡变化是怎么表现出来的？
		这样的表现让牡丹花看起来有什么感觉？
（2）牡丹的叶子在画法上有什么变化？	观察叶子的不同画法	画面上叶子的画法一样吗？有什么不一样？
		叶子的用色及浓淡一样吗？
		不同的表现方法画出的叶子看起来有什么不同？
		哪种方法画出的叶子更嫩？
		你能看出哪些是新叶子，哪些是老叶子吗？你是怎么看出来的？

续表

（3）叶子和花看起来有什么不同？	感受不同墨色及画法表现出的不同质感	花和叶子的画法一样吗？有什么不一样？
		不一样的画法使花和叶子看起来有什么不同吗？
		不同感觉是什么？
3. 创作引导：你也试着用国画的方法画一株漂亮的牡丹花吧！	介绍绘画方法	示范花瓣及叶子的不同画法
	鼓励幼儿大胆表现	只要用心，每个人画出的牡丹花都会是最漂亮的
	提示国画的表现方法	注意花瓣的浓淡墨变化，要掌握好侧锋的用法
		注意用笔尖描绘叶脉和叶筋，用墨色的浓淡表现嫩叶和老叶的不同
4. 材料提供	欣赏画《牡丹》各种颜色牡丹花的图片	画家笔下的牡丹都一样吗？有什么不同？
	毛笔、墨汁、宣纸、颜料、毡垫或报纸、涮笔筒	指导幼儿正确摆放和使用国画工具
5. 作品点评	学会欣赏和赞赏同伴的作品	你最喜欢哪个同伴的作品？最喜欢作品中的什么？

第六章

中班美术作品欣赏教学案例

第一节 色彩要素作品欣赏案例

奔腾的河流——N.D.C

图 6-1 奔腾的河流

一、作品分析及欣赏定位

《奔腾的河流》这幅作品中充满了秋天的气息。画家运用浓重的橙色、黄色、红色等暖色表现秋天白桦林的丰富色彩，在奔腾河流的蓝色冷色调衬托下，画面中丰富的暖色调显得更加热烈奔放，画家运用对比色表现奔腾的河流与岸边的白桦林，让我们在冷与暖之间感受大自然带给我们的美好，在动与静之间感受生命的延续。这幅画给我们带来的是强烈的视觉冲击，所传递给我们的有画家对大自然的赞叹，更多的是对生命的赞美。

二、活动目标

（1）观察画面的浓烈色彩，感受画面中冷暖色调对比构成的秋天的美。

（2）尝试运用冷暖色调对比的方法创作秋天的图画。

三、活动准备

（1）幼儿已积累与秋天的色彩相关的经验，能分辨简单的冷暖色，有一定的感知经验。

（2）一幅有树的背景长卷、油画棒、蓝色图画纸、丙烯颜料（黄、绿、橘红、蓝、白等）、图画纸、毛笔、胶棒、彩色卡纸。

四、活动重点、难点

重点：引导幼儿欣赏作品冷暖对比色带来强烈的视觉冲击，鼓励幼儿尝试用这种对比色进行创作。

难点：引导幼儿理解对比色带给人的特殊感受，以及怎样运用这样的对比方法进行创作。

五、活动过程

（一）欣赏作品

（1）引导幼儿欣赏画面内容，引导重点：观察并感受画面所表现的秋日景色的具体内容。

①师：这幅画画的是什么？画面上有什么？（幼：许多树、草）

②师：画面中都有哪些颜色？（幼：黄色、橘红色、棕色、红色、白色、蓝色、黑色、黄绿色）

③师：这是什么季节？你从哪里看出来的？（幼：秋季，从颜色看出来的）

（2）这幅画的色彩有什么特点？引导重点：感受画面冷暖对比色调形成的视觉冲击。

①师：画面中的树、草分别是什么颜色？（幼：树上有橘红色、黄色、红色、棕色的树叶，树干是白色，上面还有点黑道道，草有黄色、黄绿色、棕色的）

②师：河水是什么颜色的？（幼：蓝色的，上面好像还有点白色）

③师：这些颜色搭配在一起好看吗？冷暖色搭配在一起给你什么样的感觉？（幼：好看，感觉树的颜色特别鲜艳）

（3）这幅作品的色彩给你什么样的感受？引导重点：感知作品明亮、浓烈的色彩所表现出的秋日之美。

①师：大面积橘红色、黄色的运用让你有什么感觉？（幼：很快乐、温暖、浓烈、丰富、醒目等）

②师：蓝色的运用让你有什么感觉？（幼：感觉清凉、河水很干净等）

（二）通过创作进一步欣赏

（1）创作引导：指导幼儿进行冷暖色调的配合使用，表现秋天的树林或其他景象。

①师：下面我们就学着大师的样子，画一幅秋天的作品吧。想想你看到的秋天是什么样的？你想用什么颜色和方法来表现秋天的色彩和感觉？

鼓励幼儿按照自己的想法创作不同景象的秋天。

②师：创作的过程中，教师要注意提醒幼儿用冷暖色对比表现秋天的景色。

（2）幼儿创作，教师个别指导。

①师：桌子上有不同的材料，绘画、泥工、撕纸粘贴等，请你们按照自己的愿望选择材料进行创作。

②师：老师还准备了一幅画卷，供小朋友进行集体创作。

教师引导幼儿分层来表现一幅长卷。画面分河流、树干、树叶、草四个部分，鼓励幼儿结合自己的经验选择适合自己的部分参与创作。

（三）作品评价

绘画结束后，孩子们的作品贴在展板上，老师和幼儿进行了讨论。

（1）哪幅作品色彩丰富，更能表现秋天的美？

（2）哪幅作品冷暖色彩对比更强烈？

欣赏活动进行的时候正是秋天最美的时候。幼儿对画面中浓烈的橘红色、黄色有着深刻的感受。因此能够将自己的经验迁移到欣赏活动中。由于中班幼儿的表达词汇有限，用语言表达起来有些困难，需要教师及时提供一些供他们理解和选择的词汇。但是，当进行创作时他们表现就自如多了，通过创作来欣赏可以给幼儿提供更多的表达空间。

六、教学反思

今天的欣赏活动以了解画面丰富的色彩为主，以感知冷暖色对比带给人的不同感受。教师设计了一系列的提问调动幼儿思考，并让他们在创作过程中加深对目标的理解。创作过程中提供了个人创作和集体创作两种环境，使幼儿的作品表达更为多样，分享也就更加丰富，教学目标得到了落实。

七、幼儿作品展示及分析

幼儿作品（1）	作品分析
	这幅作品用的是撕纸粘贴的方式，幼儿在创作过程中注意了冷暖对比色的使用，表现了树叶由绿变黄再变红的过程。树干色彩的一致与树叶色彩的分散，使整幅作品均衡有序。自然物的使用使画面更具有真实感和层次感。
幼儿作品（2）	作品分析
	这幅作品运用平涂与点彩的技法使画面更具有强烈的视觉效果。高纯度的对比色，增强了画面的视觉冲击力。说明孩子已经掌握了色彩的象征意义，并且有意识地运用到自己的创作中。
幼儿作品（3）	作品分析
	幼儿集体创作的画面再现了画家原作中通过冷暖色对比带给人的强烈的视觉冲击，浓烈的色彩表达了秋天自然界的温暖和那逐渐到来的凉意，使画面产生了一种既华美又壮烈的意味。

黑色线条——康定斯基

图 6-2 黑色线条

一、作品分析及欣赏定位

康定斯基的《黑色线条》底色鲜艳、夺人眼目，由色彩拼缀而成。画面加上黑色线条的点缀更显鲜活而灵动。对康定斯基来说，不同的色彩就是不同的音符，绘画就是用这些色彩音符进行创作的过程。在康定斯基的抽象作品中，色彩和点、线、面这些艺术元素成为他谱写交响乐的基本构件。因此，欣赏康定斯基的艺术作品要用眼睛来"聆听"色彩谱写的交响乐章。

二、活动目标

（1）感知丰富的色彩在作品中的运用，体会音符一样的色彩和谐。

（2）尝试像画家一样用色彩宣泄自己的情绪，表达自己的情感。

三、活动准备

水粉纸、水彩颜料、指绘胶、记号笔、水彩笔、彩色铅笔等。

四、活动重点、难点

重点：感受画面中丰富而和谐的色彩运用，尝试透过色彩分析体会作品的旋律美。

难点：创作作品的色块不能有边缘线。

五、活动过程

（一）作品欣赏

（1）欣赏作品中丰富的色彩。

①师：画面中有什么颜色？这些颜色给你什么感觉？感受色彩明亮的强烈对比。（幼：红色、黄色、蓝色、绿色、白色、黑色）

②师：这些颜色中哪些颜色用得多一些？有什么感觉？哪些颜色少？有什么感觉？搭配在一起好看吗？有什么感觉？

③师：这些颜色多数是什么形状的？它们是先画上轮廓还是直接涂抹上去的？它们涂得均匀吗？不均匀看上去有什么感觉？

（2）欣赏作品中黑色的线条。

①师：这幅作品上除了好看的色块，还有什么？（幼：彩色的线；黑色的线）

②师：彩色线与黑色线有什么不同？看上去感觉一样吗？（幼：彩色的线粗，黑色的线细；彩色的线像彩虹，好看；黑色的线像山头，尖尖的；黑色的线像几根头发；黑色的线像毛毛虫的腿，好多好多；黑色的线乱糟糟，像不听话的小孩儿；黑色的线像羽毛）

③师：画家把这些线安排在画面中，会让你想到什么？（幼：很好看，像妈妈漂亮的裙子；很好看，像花园；像节日里的气球和风筝）

④师：观看这幅作品时，你觉得像是在欣赏一首好听的乐曲吗？（幼：像）

⑤师：你觉得画家画这幅画时的心情怎么样？（幼：很高兴；很开心；很好玩儿；很淘气）

（二）创作

（1）创作引导，鼓励个性化的创作。

①师：每个小朋友在欣赏康定斯基的作品时，看到的、想到的和感受到的都不一样，现在就请你们用画家的方法，挑几种鲜艳的颜色，再添画一些不同线条，把自己的想法表现出来吧！

②师：看一看，我们今天准备了哪些材料？想想这些材料的效果有什么不同，用在哪里更合适？注意色块要直接涂抹，而不能先画轮廓线。

（2）幼儿创作，教师个别指导幼儿选择合适的材料和使用直接涂抹的方法，幼儿可以从模仿开始，也可以按自己的想法大胆创作。

（三）作品评价

绘画结束后，组织幼儿一起讨论。

（1）让我们看一看，大家的作品都选择了哪些颜色？说说不同的颜色搭配给我们的感觉有什么不同？

（2）谁想介绍自己的作品中运用了那些线条？说一说自己的想法和方法。

（3）你最喜欢谁的画？为什么？

引导重点：关注色彩运用丰富的绘画作品，引导幼儿大胆表达自己的绘画思考。

六、教学反思

本次活动中，幼儿对康定斯基的作品很感兴趣，对画面内容说出了很多想法，比如：妈妈的花裙子、美丽的花园、节日的气球和风筝、吹泡泡的游戏等。作品色彩的冲击力带给孩子们许多丰富的想象。

从欣赏的角度来看，幼儿更关注作品色彩的亮丽和鲜明，并产生了丰富的联想。在教师的引导下，幼儿发现了作品中富于变化的线条。他们喜欢将这些线条与色彩统一起来，联想出具体的内容或情景，并愿意表达、与同伴分享自己的想法。

从创作的角度来看，幼儿运用色彩时大胆主动、充满自信，作品中突出了鲜明的对比。在线条运用时则显得格外小心、细致，重点表现了一些具体的形象，比如：大山、虫子、风筝骨架和线等。正是大胆与细致的结合，才更显出了儿童作品的稚拙可爱。幼儿创作欲望强，作品有特色，能反映不同的个性特点，体现了孩子们的艺术感悟能力和较强的创造性思维能力。

七、幼儿作品展示及分析

幼儿作品（1）	作品分析
	作品《虫虫爬》中，幼儿大胆表现了几只虫在虫卵之间爬来爬去，保护着宝宝的情境。色彩的对比带给人丰富的联想。灰色的运用使画面更加协调稳定。自由、随意的黑色线条使画面层次更加丰富，充满童趣。
幼儿作品（2）	作品分析
	作品《种豆子》中，幼儿大胆表现大小色彩各不相同的圆形，生动地表现出了豆子的生命力，而穿插在其间的长短、曲直、疏密各异的黑线，展现了种子根部生长速度的快与慢，透出儿童内心世界丰富、活跃的情感。 同色系弧线与色块结合的画法，是幼儿对大师的虚实画法的理解，作品因此就有了灵动感。
幼儿作品（3）	作品分析
	在作品《美丽的花园》中，幼儿运用红黄蓝三原色表现了花朵的艳丽，色彩分布方式，给人一种向心的构图感。几组黑色圈线表现了蜜蜂飞舞的路线。色彩的对比与线条的运用给人带来动静交替的美感。

群鸦乱飞的麦田——梵高

图6-3　群鸦乱飞的麦田

一、作品分析及欣赏定位

在梵高生命的最后一个月，他画了《群鸦乱飞的麦田》(1890年7月)，这幅画中的造型已十分简化，画面上只流动着色彩和韵律，而且不是用笔而是用刮刀上色，使画面非常粗犷不驯。他的刮刀横扫画布，使天地为之一齐鸣动，一望无际，起伏不平，黄色红色相杂的大片麦田空旷无物，一任狂风撼动、颠覆，活像一块发红的疮疤。在这剧烈颠簸的麦田中，三条小路穿越其间，它在透视上离观者最近的位置交汇，在地平线或画外消失。这三条路是红色绿色相间的，像是割裂的血管和从中流出的浓浓血液，如同受难之路。这三条路还构成了一只崭露头角、举翅欲飞的鸟，而飞鸟看不见的身躯和尾巴之处则是观者和作者。在鸟头对应着的天空位置，是天空中两片翻卷涌动的乌云的交锋之处，两团天外来物一般的神秘白光隐现其间。在这几乎没有一丝安宁祥和的天地中，末日的闪电和风暴即将来临，一群黑色的乌鸦从白光所在的远方被驱赶过来，它先是从乌云交锋之处向左前方飞，继而又突然向右前方猛窜，最后又仓皇向左边的画外逃离。乌鸦本是食尸的、食谷的，每逢收获季节，它们便大批扑向麦田，是什么迫使它们在大地上没命地逃奔，在成熟的麦田上竟找不到一块栖息之地了呢？是它从没有见过的"白光"，是雷电翻滚的天空和可怕的、收割生命的受难之路。

梵高对《圣经》滚瓜烂熟。"带刺的粮食"——麦子，在《圣经》中是"天国之子"

的象征。耶稣曾打比喻说，人在地里播种麦子，魔鬼将恶者之子稗子偷偷撒在麦田里。收割的时候，就是世界末日，收割的人，就是天使，在末日之时，天使将作恶者选出来丢进火炉，让为义者在天国里发出光来。

　　作品的用色十分大胆，注重和谐而不强调对比，在创作技法上采用色彩平涂。本次活动就把欣赏目标定位在色彩的学习上。

二、活动目标

　　（1）观察、感知作品的着色特点，体会色彩的大胆运用。

　　（2）尝试运用鲜明和谐的色彩创作作品，掌握色彩画的基本技法。

三、活动准备

　　材料准备：素描纸、水粉笔（小号）、丙烯颜料、调色盘、洗笔桶。

四、活动重点、难点

　　重点：(1)感知画面中运用每一种颜色的方法；(2)尝试用适宜颜色大胆创作。

　　难点：用大小均衡的色块有规律地排列出所描绘的麦田，采用色彩平涂，注重和谐而不强调对比，在创作过程中既要提醒他们注意色点的排列顺序，又要提醒他们注意各物体的色调构成。

五、活动过程

（一）欣赏作品

　　（1）引导幼儿欣赏画面内容。引导重点：在这幅画中你看到哪些漂亮的颜色。

　　①师：在这幅画中看到了哪些内容？（幼：有麦田、群鸦、天空、云、绿草……）

　　②师：你觉得这是一幅表现什么的画？提示：一望无际，起伏不平，黄色红色相杂的大片麦田空旷无物，崭露头角和双翅的飞鸟轮廓，飞翔在藏蓝的天空中。（幼：有鸟、夜晚的画、有一大片草地）

　　教师提示：这是梵高的作品《群鸦乱飞的麦田》。

　　（2）引导幼儿感知作品创作的技法。引导重点：观察作品色彩运用的规律，感受笔触的特点。

①师：这幅画与我们平时画的画有什么不同？

②师：这幅画远看和近看一样吗？有什么不同？（幼：近处看有点模糊，远处看清楚；在近处看到的是彩色线段，在远处看是画）

教师提示：近看全是用彩色线段组成的，没有大的色块，但是远看又可以见到完整、具体的形。

③师：这些彩色的线段是怎么排列的？（幼：一上一下，一个挨着一个排队画的；是有规律排列的）

教师提示：逐步引导幼儿详细观察麦田、天空、群鸦等内容的排列规律——麦田是空旷的、一簇一簇排列的；天空蓝蓝的，但快要天黑了；教师还可示范杂乱的笔触会产生什么效果，使幼儿理解无规律的笔触。

（3）讨论。

①师：画面中运用最多的是哪种颜色，给你什么样的感受？（幼：黄色最多，给人温暖、阳光、漂亮的感觉）

②师：画中"天空"是用哪些颜色来表现的？群鸦呢？（幼：天空是蓝色的，乌鸦是黑色的）

③师：画家为什么不像我们用一种颜色来画呢？（幼：用很多颜色来画才漂亮）

教师提示：多种颜色一起使用来画一个物体，可以使这个物体的色彩更加丰富。不同的物体用不同的色调来表达，可以使画面中的内容更清楚和富有变化。

（二）创作

（1）创作引导，主要让幼儿体验彩色线段的绘画方式。

师：你也学着用"彩色线段"的方法画一幅属于你自己的画吧！

询问个别幼儿，帮助其建立自己的想法。

②幼儿创作，教师个别指导。

提醒幼儿用有规律的线段构成画面，注意色彩的丰富与变化，不用线条和大面积的色块。强调不同物体之间要用不同色调来加以区别。

（三）作品评价

（1）欣赏色线排列有序、轮廓清晰的作品。

（2）欣赏色彩既丰富又有变化的作品。

（3）说说你最喜欢哪些作品？原因是什么？

六、教学反思

在此次教学活动中孩子们的兴趣很高，对大师的作品也有了初步的了解。感受到作品色彩运用的流动性和均匀性。孩子们在创造的过程中能够充分体验与尝试学习内容，但是技法上还需要进一步体会与提高。

用大小均衡的色块有规律地排列来描绘出麦田，采用色彩平涂，注重和谐而不强调对比存在一定的困难，在创作过程中既要提醒他们注意色点的排列顺序，又要提醒他们注意各物体的色调构成以及它们之间对比色的运用。孩子们的创造过程中会体现出个性特点，孩子们理解画面后所描绘出来的画面各不相同，每一种都很有特点和特色，要及时给予孩子们鼓励和表扬，给予他们更多的自信来创作作品。

七、幼儿作品展示及分析

幼儿作品（1）	作品分析
	幼儿选择了模仿画家的方法，色彩和构图都与原作相似。画中的笔触排列有序，大面积的暖色和小面积的冷色，造成了画面的空旷感。而强烈的明暗对比又使人感到压抑。
幼儿作品（2）	作品分析
	这幅作品也是选择模仿原作的色彩和表现方法，幼儿在绘画过程中运用的色彩和笔触则更加细腻。

朝阳下有收割者的麦田——梵高

图 6-4　朝阳下有收割者的麦田

一、作品分析及欣赏定位

金黄如火的麦田，夸张色彩的天空，以及不规则却饱满的峰峦，孑然一身的收麦者在收割着属于自己的成果。遗憾的是，面对一派丰收却只有一人收获，这种反差是否想表达画者内心的真情实感呢？就像是自己在欣赏自己，美丽的镜像只有自己看见，内心仍是空寂和无奈，只有那太阳和金黄的稻田像是内心的喜悦和向往。梵高这幅作品最为突出的就是大块的色彩，以及色块之间的对比。

为了聚焦内容，实现艺术教育的价值，我们把这节美术欣赏活动定位在绘画语言的要素之———色彩上。感受作者利用大面积暖色调所表达的情感，以及色彩的弱对比带来画面的和谐。

二、活动目标

（1）感受大面积暖色调表达的丰收场景。

（2）感受色彩弱对比带来的画面变化与和谐。

三、活动准备

材料：四季乡村田野的图片；A4彩色图画纸、水彩笔、油画棒。

四、活动重点、难点

重点：理解作品中大面积黄色的渲染，以及其他色彩的主观运用。

难点：用客观与主观结合的色彩进行个性化的创作。

五、活动过程

（一）作品欣赏

（1）你能讲讲画家画的是什么情景吗？

①师：画面上有什么？（幼：有太阳、绿颜色的天空、人、房子、树、山、黄的草丛、牛、围墙、田地）

②师：画面上的人物在做什么？你是怎么看出来的？（幼：割草；给小草理发）（幼：村庄里的人就是穿这样的衣服，手里拿着割草的东西。因为有很多山，山下有小房子所以就是村庄）

（2）作品主要用了什么颜色来表现的？

①师：你在画面中都找到了哪些颜色？（幼：黄色、绿色、蓝色、灰色、土黄色、浅绿色、棕色、黑色）

②师：画面上什么颜色最多？（幼：黄色、土黄色和绿色）这些颜色统称为什么色？（幼：暖色）师：画家为什么用大量的暖色表现收割的季节？（幼：因为小麦夏天的时候才长熟，夏天很热所以用暖色；因为小麦长熟的时候就是黄颜色的；因为收割的人收到了许多小麦很高兴）

③师：这些暖色看上去有什么变化？（引导感知深浅、明暗、色相的变化）（幼：有的地方是深一点的黄，有的地方是浅一点的黄；有的地方是绿，有的地方是黄一点的绿；有的地方亮一些，有的地方暗一些）

④师：大面积的暖色给你什么样的感觉？（幼：给我很暖的感觉；光芒的感觉；像小狗的毛毛一样软软的；卷卷的感觉；甜甜的感觉）

⑤师：远处的山看上去是什么颜色？（幼：深蓝色、深黄色、黑色、黑加上棕色）

⑥师：山和麦田的颜色给你的感觉有什么不同？（幼：两种颜色给我的感觉不同，山给我冷的感觉，黄色给我热乎乎的感觉，暖色多一些，冷色少一些）

⑦师：天空是什么颜色？（幼：绿色）画家为什么要把天空画成绿色？（幼：他喜欢绿色，因为绿色很美）绿色和黄色搭配起来感觉舒服吗？（幼：舒服）

（3）主要用了什么线条来表现的？

①师：画家怎么表现这些成熟的麦穗的？（幼：画家用弯弯的细线）

②师：线条的方向是怎样的？（幼：麦穗的地方是弯弯的，卷卷的，往下弯的）

③师：为什么线条要弯曲向下？（幼：麦穗很沉，风一吹就会倒）

④师：画家又是用什么样的线条表现要收割的麦田的？（幼：弯的线，下面是直的线）

⑤师：这些线条给你什么样的感觉？（像是在动，很多麦穗很重）

（二）创作过程

（1）创作引导，展示准备的图片。

①师：你能根据老师提供的这些图片，用画家梵高的表现方法画一幅属于自己的画吗？想想你要表现什么季节的景象？用什么色调来表现更合适？

②师：你也可以试着用画家表现成熟麦穗的方法表现自己作品中的事物，如：盛开的鲜花、雨后的小草、覆盖白雪的树枝等。

（三）作品点评

幼儿通过对作品的欣赏，感受了大面积暖色所表达的温暖和丰收的景象，并在自己的作品中大胆尝试运用暖色表现画面。蓝色的点缀让画面更生动明媚。

六、教学反思

孩子的生活经验让他们更容易理解画面，卡纸和油画棒的提供有别于之前的水粉颜料。孩子们用油画棒表现作品的笔触和肌理还有一些难度，但线条的感觉和色彩的运用比较到位。

七、幼儿作品展示及分析

幼儿作品（1）	作品分析
	画面中使用暖色调表现麦田丰收的场景。灰色调的进入让画面更具和谐美，同时丰富和变化的线条，让画面充满动感。
幼儿作品（2）	**作品分析**
	画面中大面积使用暖色调表现丰收的场景，明亮的蓝色与大面积的暖色相遇将画面进行了合理分割，整幅作品给人带来舒适和谐的感受。

诞生日——米罗

图 6-5 诞生日

一、作品分析及欣赏定位

《诞生日》是西班牙画家米罗创作的作品。这幅画通过明亮的色彩、粗细不同的线条和大小不同的圆点构成画面主题，给人以强烈的视觉冲击。绘画的方法很类似于儿童早期有趣而随性的涂鸦期状态，画面上没有什么明确、具体的型，只有一些粗细不同的线条、一些大小不同的圆点和一些扭曲重组的形状。颜色使用非常简单，用红、黄、绿、蓝、黑在画面上平涂成一个个的色块，简单有趣的画面易于幼儿感知接受，激发他们欣赏和创造的愿望。

为了聚焦欣赏内容，实现艺术活动的教育价值，我们把这节美术欣赏活动定位在绘画语言的要素之———色彩上。通过美术欣赏的参与，引发和提升幼儿的创作、表现能力，通过观察、对比、表述、分析等过程，感受画面中强烈的色彩变化和线、点的表现手法。使幼儿学会用粗细不同的线将画面分割成大小不同、色彩鲜艳的色块，体会色彩的特别表现之处，创作出属于自己的作品。

二、活动目标

（1）了解画面中鲜艳的色彩及粗细变化的线条所带来的视觉冲击力。

（2）学会运用几种颜色和点、线进行绘画创作。

三、活动准备

材料：素描纸、水粉纸、水粉颜料、毛笔、水彩笔、桌布、名画。

四、活动重点、难点

重点：（1）感知画面中色彩的强烈对比，体会主体部分与整个画面的和谐；（2）体会运用粗、细不同线条绘画的效果。

难点：用笔的表现方法是一个难点。画面中有长线条、短线条和点、面构成，还有大面积的着色平铺。为了形成色彩强烈的效果，在绘画前要充分引导幼儿观察主体形象突出的色彩结构，和粗细线条对比形成的空间感，也要提醒幼儿注意构图的整体效果，运用水粉时要注意画面的色彩均匀和质感。

五、活动过程

（一）欣赏作品

（1）引导幼儿感知画面的色彩。引导重点：感知红、黄、蓝、绿、黑5种主要颜色的分布。

①师：观察一下画面，这幅画上都有什么颜色？ 给你什么感觉？（幼：红、黄、蓝、绿、黑；温暖、美丽的感觉）

②师：红色在作品的什么地方？ 蓝色、绿色分别在作品的什么地方？（幼：在中间，在旁边）

③师：你觉得哪种颜色用得最多？ 哪种颜色用得最少？ 哪种颜色最明亮？（幼：红色、绿色、蓝色用得多；黄色、黑色用得少）

④师：这几种颜色是用什么分开的？（幼：是用线条分开的）

教师介绍：这是西班牙画家米罗的作品《诞生日》。

（2）引导幼儿感知画面的线条。引导重点：感知粗线条的分割作用及细线条的点缀作用。

①师：你在画面中看到了什么样的线条？（幼：有的粗有的细，有的长有的短）

②师：画面中的线条有什么变化？给你什么感觉？

③师：它们在画面中的作用是什么？（幼：将颜色分开）

④师：有不分开颜色的线条吗？它们在哪？看起来好看吗？

教师提示：这些线条有粗有细，将不同色块分割开，突出画面主体。使人在视觉上对色彩有强烈的感受。提醒幼儿注意用线、用笔时的变化，在绘画过程中感受线条的粗细变化所产生的不同绘画效果。

⑤师：你能看出画面上都有什么吗？画的是什么？看到这幅画会让你想到什么？你会给这幅画起个什么名字呢？（幼：像个蛋、像个小人、像小姑娘）

教师提示：鼓励幼儿根据自己的理解大胆想象，说出对作品的想法。

（二）创作

（1）创作引导，主要让幼儿体验用多种色彩绘画的方式。

师：下面也请小朋友们用这些颜色和线条，画一幅你自己喜欢的画吧！

（2）幼儿创作，教师个别指导。

鼓励幼儿运用本作品的绘画元素进行大胆创作。

注意事项：画面主体要突出，尽量占满整个画面；色彩明亮简洁，线条粗细有对比和变化；可以表现比较抽象的作品。

（三）作品评价

（1）哪幅作品颜色最漂亮？它都用了哪些明亮的色彩？

（2）哪幅作品运用了明显不同的线条？对这些不同的线条你有什么样的感觉？

（3）哪幅作品比较有新意？你喜欢这幅作品的哪些想法或表现？

六、教学反思

活动内容选择的是西班牙超现实主义画家米罗的作品《诞生日》，这幅画整体风格构图简单，形象单一而有趣，很符合中班幼儿感知和理解的水平，所以针对中班幼儿的年龄特点和理解能力，在活动的过程中教师首先从画面的色彩上引导幼儿认真观察，并通过逐层提问的方式，引导幼儿大胆表述。如：画面上有什么颜色？给你什么感觉？通过这种开放式的提问，使幼儿从颜色和内心情感上进行感知和表述。在过程中幼儿发现色彩和人的心情是有密切关系的。如：艳丽的色彩使人心情愉快、兴奋、温暖，而色彩灰暗的颜色使人心情不舒服、感觉压抑。在比较色彩的过程中，孩子们发现红、黄、蓝、绿，颜色亮丽、温暖，在大师作品中所占的面积较多。而在作品中孩子们又发现黑色只运用了很少一部分，大师只运用黑色的线条来区分各种色块，这些有趣的变化立刻使幼儿思维活跃起来。在观察大师作品是如何构图、设色和创造的过程中，孩子们发现作品中间的颜色突出醒目，让人看后过目不忘，很容易突出作品的主题。幼儿发现色块也有大小的区别，突出主题就需要将其他颜色的色块画小，这种大小变化的绘画风格非常适合幼儿体验画者对画面的创作意图。

在整个欣赏过程中除了让幼儿观察色彩之外，教师还运用不同的有效提问，层层递进地引导幼儿观察画面中线条的变化，使孩子们发现色块的区分是用线来传递的，而这些线在表现手法上又运用得非常有趣和变化多样。大师在作品中用长线、短线、粗线、细线、直线和弯曲的线将色彩区分开来，或者在色块上添画上不同的线条，装饰大小不同的圆点，这是与以往绘画方式不同的，很新奇很有趣。孩子们在欣赏过程中积极思考，踊跃表达自己的感受和想法。欣赏过程既发展了幼儿细致入微的观察能力，又提高和发散了幼儿的想象空间，使其对绘画技法有了全新的认识和理解。

在尝试体验的过程中，幼儿用不同的水粉色彩绘画色块。在表现水粉颜料的涂色上不能均匀着色，在反复尝试中才会注意到将颜色涂均匀、厚实。然后再将不同的色块用不同的线条进行创作，突出幼儿各自的创作理念，表现得敢于尝试，敢于体验，敢于表达和自我投入。最后孩子们拿着自己的作品不由地流露出愉悦的心情："真漂亮啊！"同时也在欣赏和评价的过程中得到老师和其他同伴的赞赏和夸奖，信心更加充足，为今后参与水粉画的活动奠定了勇气和信心。这就是美术欣赏活动带给幼儿的心灵震撼！

七、幼儿作品展示及分析

幼儿作品（1）	作品分析
	幼儿通过运用对比强烈的冷暖色表现画面的主体内容，具有一定的视觉冲击力。虽然线条粗细对比不明显，但还是比较流畅，有变化，起到活跃画面的作用。
幼儿作品（2）	作品分析
	孩子通过模仿表达了对原作的理解和感受。作品线条流畅、构图饱满，色彩饱和度较高，体现孩子较成熟的绘画水平。

圣马里海景——梵高

图 6-6　圣马里海景

一、作品分析及欣赏定位

荷兰画家梵高是后期印象画派代表人物，19世纪人类最杰出的艺术家之一。《圣马里海景》是梵高作品中不多见的海景图，画面上深邃无边的大海，汹涌澎湃的海浪，及远处乘风破浪的帆船，均显示着大自然的力量。整幅画颜色偏深，表现了画家忧郁而沉闷的心情；但那些深浅不同的蓝色和灵动的海浪与波涛，又让人心情起伏，充满对生活的向往。

二、活动目标

（1）欣赏作品对自然美的表达，感受色彩的局部变化。

（2）尝试运用色彩的变化表现儿童心目中美丽的大海。

三、活动准备

（1）创设海景背景墙（有沙滩有大海）、8开素描纸、彩色水笔、油画棒、水粉颜料、白色正方形纸等。

（2）幼儿欣赏过梵高其他的作品，能运用水粉颜料、油画棒表现作品。大部分幼儿有在海边度假的经历。

引导幼儿欣赏色彩变化较多的作品，感受不同色彩的变化特点，鼓励幼儿尝试用不同深浅的蓝色进行大胆创作。

四、活动难点

引导幼儿理解不同颜色给人带来的特殊感受，并运用这样的方法创作自己眼中的大海。

五、活动过程

（一）欣赏作品

（1）这幅画中你都看到了什么？引导重点：感知画面丰富的颜色变化。

①师：这幅画中你都看到了什么？（幼：大海、帆船、大石头、蓝天和白云）

②师：大海是用什么颜色表现的？深浅一样吗？从哪里看出来的？（幼：大海是用蓝色画的、浪花是白色的；蓝色不一样，有深蓝还有浅蓝）

③师：不一样的颜色给你什么感觉？你是从哪里看出的？（幼：蓝色感觉很凉快、黑色让人感觉海浪很危险、海上浪很大船直摇晃、这里的浪花特别多，海边风很大）

④师：浪花是用什么颜色表现的？它给你什么样的感觉？（幼：浪花是用白色、浅蓝色画的，还有点黄色、还有黑色，远处的浪花颜色深、近处的浪花颜色浅，接近岸边的浪花是白色，远处的是蓝色，一上一下的。海浪一卷一卷的）

⑤师：画面中帆船的颜色看得清吗？为什么帆船的颜色感觉灰蒙蒙的？哪艘船离得最远？（幼：看得不是很清楚，好像有一层雾挡着；因为船离画家很远，看不清船的颜色；因为海上有雾所以颜色是灰蒙蒙的；最小的，模糊的那艘小船最远）

⑥师：你觉得这幅画中大海的颜色美丽吗？为什么？（幼：美丽，蓝色特别好看；不好看，我看到的大海还有沙滩；美丽，看到大海让人高兴）

（2）你印象中的大海是什么颜色？引导重点：感知作品中不同颜色的深浅变化给人带来的不同感受。

①师：你见到的大海与这幅画中的大海颜色一样吗？（幼：不一样，有一点蓝

不一样，我见到的大海比它还蓝，海水还很清）

②师：不一样颜色的大海给你什么样的感觉呢？（幼：蓝色的大海让人感觉很凉爽、舒服；深绿色的海水让人觉得不干净）

③师：想象一下在阳光的照射下，大海还会变成什么颜色呢？（幼：变成黄色、金色）

④师：你想象中的××色的大海也是颜色深浅不同吗？怎么不同呢？（幼：是的，海浪上面是浅黄色，其他的海水是金黄的；不同，离太阳近的海水是红的，离太阳远的海水就是有一点红）

⑤师：你见到的大海海面上也有帆船、浪花或者别的什么东西吗？它们看上去是怎样的呢？（幼：有，还有大的军舰；有游泳的人；有海鸥在天上飞；有渔船；远处的看不清楚，近处能看到船上有人）

⑥师：在海边还可以做什么？（幼：游泳、钓鱼、晒太阳、捡贝壳、堆沙堡）

（二）幼儿创作

（1）创作引导：主要是让幼儿体验用不同颜色表现大海。

师：想一想、说一说，你创作的大海将是什么样子？浪花用什么颜色和方法表现？

询问个别孩子，帮助其建立自己的想法，鼓励幼儿按照自己的想法画出不同的内容。创作过程中，教师要注意提醒幼儿用适当变化的颜色表现大海。

（2）幼儿创作，教师个别指导。

活动区引导：请你用不同的材料把海边的景色、游戏用笔画下来、用纸折出来装饰到海景墙上。也可以用活动区的材料自己单独创作。

通过欣赏原作，幼儿在运用不同色彩表现大海的方法上受到一些启发。鼓励幼儿结合自己的经验进行创作。

（三）作品评价

绘画结束后，孩子们的作品贴在展板上，教师和他们进行讨论。

（1）我们来看看哪幅作品是用深浅不同的颜色画的？

（2）哪些作品显得最凉爽，哪些作品显得比较温暖呢？

（3）这些运用不同蓝色创作的大海都画了什么？说说你的感受。

六、教学反思

今天的作品欣赏以了解色彩、技法为主，感知色彩带来的不同意境，这样的学习形式，幼儿很容易理解，通过提问引发幼儿进一步思考，积极大胆表达自己的想法，并尝试进行创作。大部分幼儿都有在海边度假的经历，因此能够将自己已有的经验迁移到欣赏活动中。虽然中班幼儿的词汇有限，用语言表达起来有些困难，但当幼儿拿起画笔时，表现就自如多了，这说明欣赏活动提升了幼儿表现的空间。在欣赏同伴作品时，大家积极发言，将自己的感受与同伴分享。尤其是活动区墙饰"假日海滩"，给幼儿继续创作提供了平台。

七、幼儿作品展示及分析

幼儿作品（1）	作品分析
	作品运用油水分离的方法，表现了大海的动感，幼儿下笔大胆流畅、色彩协调、层次分明，从作品中可以感受到幼儿创作时的自信与满足。
幼儿作品（2）	作品分析
	幼儿使用水粉颜料，用长短不同的弧线，表现大海层层起伏的海浪，线条流畅，色彩变化丰富，使画面更具有动感。画面中礁石的表现，突出远近关系，让画面更具有层次。
幼儿作品（3）	作品分析
	作品中运用大面积深浅不同的蓝色表现大海。画面中的帆船则使用近实远虚的方法进行表现，使画面更加丰富具有层次感。

第二节 线条要素作品欣赏案例

数字 15——波洛克

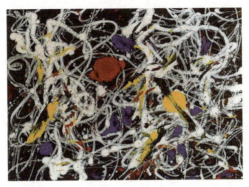

图 6-7 数字 15

一、作品分析及欣赏定位

1947 年，波洛克发明了自由奔放的"滴画"画法，他喜欢直接将画布挂在粗糙的墙上，或放在地板上，"我觉得这样更接近，更能成为画的一部分，这种方法使我可以绕着走，从四周工作，直接进入绘画之中"。在作画过程中，他几乎意识不到自己在画什么，只有在画完后，才根据需要剪裁一块，绷到画框上去。在波洛克的作品中，他的活动并非完全是无意识行为，相反，他存在着自主的"构思"，体现了"总体均衡的美与流动的和谐"，散发着自然激情的艺术魅力，具有一种内在的、蓄意表现的韵味。

二、活动目标

（1）观察线条，感知作品中线条的多样性变化产生的运动美。

（2）尝试使用多种工具，感受绘画手法的多样性、丰富性。

三、活动准备

材料：各色颜料、树枝、抹布、绳子、毛笔、丙烯颜料、黑卡纸、水粉纸、绘画纸、弹珠、纸盒等。

四、活动重点、难点

重点：感受画面中流动线条的美感。

难点：尝试运用多种材料进行新方法的创作。

五、活动过程

（一）作品欣赏

（1）欣赏作品中线条的多样变化。

①师：画面中你看到了什么？（幼：好像棒棒糖和面条；好像是宇宙，有行星在飞；好像是有好多丝，有虫子）

②师：这些白色的线有什么特点？看上去有什么样的感受？（幼：它们都是曲里拐弯的；它们都是乱七八糟的；它们都是挤在一起的；看上去很多很乱；看上去很热闹；看上去很好画）

③师：你知道这些线是怎么表现出来的吗？你觉得画家当时心情怎么样？（幼：画家是这样画的，边说边用手随意快速转动，他心里很高兴；画家是用管子吹的吧？心里很开心）

（2）欣赏作品中小面积色块，感受色彩对比与线条的呼应。

①师：这幅作品中除了有丰富的线条，还有什么？（幼：还有好看的圆形状；还有圆形的红颜色、黄颜色和蓝颜色；还有不小心滴在旁边的颜色）

②师：这些颜色的表现方法有什么不同？看上去的感觉一样吗？（幼：有的是画上去的，有的是不小心洒在上面了；有的是印上去的，有的是甩上去的；看上去都很鲜艳；看上去挺好看的）

（3）引导幼儿感知技法的有趣，表现的多样性。

①师：今天大家欣赏的作品是大画家波洛克的作品。他画画的时候，经常随便把颜料泼在纸上，或者滴在纸上，或者再用东西刮刮，最后就变成了一幅美丽的画。

②师：今天我们也来学波洛克用颜料玩游戏。我们准备了树枝，想想怎样用树枝和颜色玩游戏？树枝可以蘸颜料在纸上敲一敲，可以让树枝上的颜料滴在纸上，可以用树枝刮一刮，就变成了不同的图案。谁愿意前来试试？

③师：我们还可以用弹珠在纸盒里滚动颜料，会产生许多不同轨迹的线条，这些线条多变而有趣。谁愿意前来试试？

④师：我们还可以利用线绳，牵拉出有趣的线条。谁愿意前来试试？

（二）创作

（1）鼓励个性化的创作。

师：每个小朋友在欣赏波洛克的作品时，看到的、想到的和感觉的都不一样，我们应该大胆地把自己的想法表现出来。

（2）尝试运用材料大胆进行创作。

师：每张桌子上放着的材料是不同的，喜欢用什么材料和方法就上去完成吧！

（3）引导幼儿运用运动的线条及色块创作作品。

师：波洛克这张作品里运用了丰富的线条，搭配了红黄蓝三种颜色，使作品生动有趣，我们也尝试选择几种颜色进行搭配，大胆地创作吧。

（4）幼儿创作，教师个别指导。

幼儿可以从模仿开始，也可以按自己的想法进行创作表现。

（三）作品评价

绘画结束后，组织幼儿一起讨论。

①师：让我们看一看，大家的作品都选择了哪些材料？看上去有什么感觉？（幼：有的用了树枝和线；有的用了笔、油画棒；有的用了滚珠、抹布。看上去都不一样；看上去很开心；看上去很好看）

②师：谁想介绍自己作品中的线条是怎样创作的？说一说自己的方法和想法。（幼：我是摇晃纸盒滚出来的，可以左右摇、前后摇、转圈摇；我是用线拽或者拉表现出来的；我是用油画棒画出来的）

③师：你最喜欢谁的画？为什么？（幼：我喜欢这张，线好多呀；我喜欢这张，颜色很鲜艳；我喜欢这张，滚珠很好玩儿）

六、教学反思

在活动中，幼儿对波洛克的作品很感兴趣，特别是创作的手法，奇特而有趣。幼儿欣赏时说出了很多想法，可见孩子们的想象力非常丰富！从幼儿反馈的作品来看,孩子对提供的材料多样表现了浓厚兴趣,并体会到了线条变化所带来的奇妙感受。幼儿创作欲望强,这种作画方式比较适合幼儿年龄特点,他们创作时很快乐、很投入,作品有特色,能反映个性,体现了孩子们的浓厚兴趣和艺术感悟能力。

七、幼儿作品展示及分析

幼儿作品(1)	作品分析
	作品在黑色的底色上运用了大量白色,通过滴色、滚珠运动形成许多不规则的线,粗细、疏密、曲直、旋转、交错各有变化。再滴上红黄蓝色块与点,使画面更加丰富有趣。
幼儿作品(2)	作品分析
	作品中白色线条显得无规则,很难分辨运动的轨迹,用上大面积的黄色,使画面变得醒目,滴洒的少量红和蓝恰好起到了点缀的效果,使画面鲜活起来。
幼儿作品(3)	作品分析
	作品运用了黑色沙画纸,油画棒表现的线条大胆流畅,作品突出表现了线条的随意性和弹性。散点式的少量红黄蓝衬托出儿童内心的喜悦与活泼。
幼儿作品(4)	作品分析
	作品表现出了儿童自由选择的空间,大量的红黄蓝线条以及它们交错而产生的间色,使原本就活跃的画面更加耀眼,这正是儿童内心情感的流露。借助水粉纸显现的线条若隐若现,使画面多了一丝神秘感。

女人——米罗

图 6-8　女人

一、作品分析及欣赏定位

《女人》是西班牙著名画家米罗的作品。米罗的艺术个性相当独特，描绘的几何形体既非具象、亦非完全的抽象，那些细致神秘的形体和符号，凸显了画家独特而丰富的想象力，作品意境轻快、诗意、柔和。在作品《女人》中，简单的背景，简洁流畅的黑线条勾勒出女人的姿态，看起来它们自由、轻快、无拘无束，但其实蕴藏着丰富的内容，表现出画家缜密思考后的流畅、活泼。

为了聚焦内容，实现艺术活动的教育价值，我们把这节美术欣赏活动课定位在绘画语言的要素之一——线条上。目的是引导幼儿观察画家用概括的线条所表现出色彩简单的画面和夸张的绘画风格。

二、活动目标

（1）感受作品简单的色彩表现及夸张的绘画风格。

（2）鼓励幼儿运用相同的风格创作命题画。

三、活动准备

经验准备：幼儿前期欣赏过的类似和比较夸张的绘画作品。

材料准备：水粉纸（素描纸）、水粉颜料、毛笔、油画棒（水彩笔）。

四、活动重点、难点

重点：理解夸张的含义，感受作品夸张的绘画风格。

难点：用夸张的线条和手法表现人物造型。

五、活动过程

（一）欣赏作品

（1）引导幼儿欣赏画面内容。引导重点：感知画面中的独特形象，初步感受夸张的艺术风格。

①师：你在画中看到了什么？（幼：蜘蛛、猩猩、长着翅膀的蚂蚁、木头人、蜜蜂、木偶、人、小丑）

②师：看完这幅画你有什么感觉？（幼：像是吃了蜂蜜；我变成了女孩，因为这幅画中的人像是在跳舞；感觉很可笑）

③师：你喜欢这种感觉吗？为什么？（幼：喜欢，因为漂亮；头画得像熊猫一样可爱；画了一个完整的人；线条不多而且都画在人的身上，很突出）

（2）引导幼儿感知作品中简单的色彩及线条的特点。引导重点：感知画中线条的强烈对比和夸张。

①师：画中哪种颜色用得最多？这样用色给你什么感觉？（幼：黑色，给我感觉有很大力气；害怕；冷；黑暗；压力；哆嗦）

②师：这幅画主要是用什么样的线条来表现的？（幼：粗的、黑的、弯的、直的）

③师：这些线条有什么特点？（幼：黑色的线条是粗的，彩色的线条是细的）

④师：这些线条给你什么样的感觉？（幼：黑的、粗的线条多一些，重一些感觉很有力量，彩色的线条很少很轻，看不太清楚；害怕；黑暗；压力）

（3）介绍作品名称，引导感受作品夸张的表现手法。

①师：画中的女人和我们见过的女人一样吗？（幼：不一样）

②师：画家用了什么样的方法表现女人？（幼：画蜜蜂的方法，教师解释夸张的意思）

③师：这种画法给人什么感觉？（幼：奇怪；看上去画的像个人，又像是画的一个动物；有点孤单）

点评：教师通过引导幼儿将真实的女人形象与画中夸张的女人形象进行对比，帮助幼儿理解夸张的含义，感受作品夸张的表现手法。

（二）创作

（1）创作引导：主要是引导幼儿用夸张的线条、简单的颜色画一个自己身边的人。

师：请你们也用夸张的线条画一个你身边的人吧！

询问个别孩子，帮助其建立自己的想法，鼓励幼儿按照自己的想法画出不同的内容。

（2）幼儿创作，教师个别指导

中班幼儿日常进行人物创作时受绘画技巧、对人物个别特征关注点等方面的影响，其作品中的人物姿态本身就具有夸张的效果，因此在欣赏完作品后，大部分幼儿用夸张的线条表现就显得更加得心应手。不过个别绘画技巧比较成熟的幼儿还是习惯很完整地表现出人物的五官特征，而且人物的肢体及姿态工整、固化。

（三）作品评价

绘画结束后，幼儿的作品粘贴在展示板上，教师组织幼儿进行了作品欣赏和讨论。

（1）哪幅作品的表现比较夸张？说说你的理由。

（2）哪幅作品的线条很有特点呢？有什么特点？

（3）你为什么喜欢这幅作品？它与其他的有什么不一样？

幼儿在介绍自己的作品时都很自信和有成就感。在欣赏他人作品时，幼儿对作品的欣赏也不再停留在"像不像""美不美"上，而是会对作品中人物的姿态或是某个强烈夸张的部分很感兴趣，幼儿从心理上对他们作品的整体感受较对原作的整体感受要积极得多，没有幼儿表达出害怕、压抑的心理感受，整个评价过程的氛围都是积极、诙谐、轻松、宽容的。

六、教学反思

简单的颜色和粗线条表现出的夸张形象，带来强烈视觉冲击，使幼儿对作品产生好奇和探究心理。通过教师的提问引导幼儿逐渐"走"入画中，感受作品的独特形象特征。

　　但是在欣赏中，幼儿还是更多感受到一种紧张和不愉快的负面情绪。当教师告诉幼儿作品表现的是女人时，很多幼儿都不赞同，这与他们的已有经验产生强烈的冲突。因为在孩子们的眼中，对女性最初的感受都是美好而温馨的。但是从另一个角度，我们提供这样与幼儿生活感知大相径庭的绘画作品，让他们来欣赏，也在一定程度上帮助他们开阔了视野，让幼儿了解到从多个角度表现事物，丰富了他们的认知经验。

　　幼儿的创作过程可谓是本次活动的高潮。在创作的过程中，有的幼儿选择用板刷画底色，然后用毛笔表现粗线条的人物；有的幼儿先用粗线条表现人物，然后再画底色。幼儿在创作过程中表现大胆，过程流畅自如，淋漓尽致，挥洒自如。

　　从作品中可以看到原作中符号特征的影射，同时也能看到幼儿自主创作的符号。原作中的《女人》虽然是用粗线条表现的，但流畅、圆滑的线条表现出了女人奇特、柔美的感觉。有的幼儿作品则表现出了人物的刚强感，体现了男性的气质特征。

七、幼儿作品展示及分析

幼儿作品（1）	作品分析
	幼儿用夸张、简单的粗线条表现出了人物的动态，人物形象自然。幼儿用简单的两笔表现出女人的头发，画一只眼睛表现人物的侧面像。用流畅的、粗的曲折线表现出人物行走时腿部的形态，动态十足，可见幼儿绘画基础很好，且能大胆创作。作品背景中大块黑色的点是用毛笔滴、甩上去的，放射性的小黑点是用牙刷和毛笔杆刮出来的。
幼儿作品（2）	作品分析
	幼儿在创作时用粗线条画出的圆形表现人身体的三个组成部分：头、上躯干、下躯干，用直线来表现人物的四肢，这些向四周放射性的粗线条让整个人物显得热情奔放，力量感强，形象夸张，似乎在张开双臂准备拥抱。幼儿在背景上用油画棒添加了很多黑色的曲线和红色的线条，增强了整个画面的柔和感。幼儿用毛笔滴墨、嘴吹墨的方式模仿原作中四周飞溅的效果，为作品提供了烘托。

幼儿作品（3）	作品分析
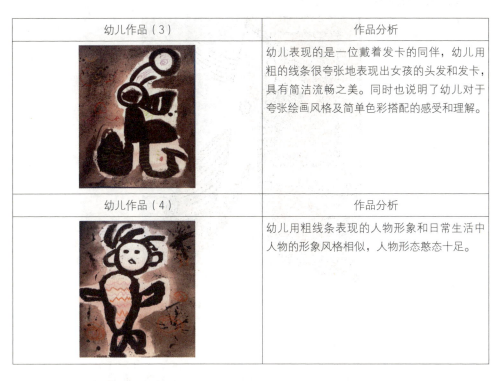	幼儿表现的是一位戴着发卡的同伴，幼儿用粗的线条很夸张地表现出女孩的头发和发卡，具有简洁流畅之美。同时也说明了幼儿对于夸张绘画风格及简单色彩搭配的感受和理解。
幼儿作品（4）	作品分析
	幼儿用粗线条表现的人物形象和日常生活中人物的形象风格相似，人物形态憨态十足。

八、幼儿创作过程展示

女人的半身自画像——毕加索

图 6-9　女人的半身自画像© Succession Picasso 2015

一、作品分析及欣赏定位

《女人的半身自画像》是现代派艺术中最具性格特征的杰出肖像作品之一。在这幅画里，毕加索仅以一些简单的线条、剧烈变化的色彩便刻画出人物极度愤怒、尖酸刻薄的情感。该作品中富有变化和表现力的线条，构成了画面独具特色的形式美，其体现出来的超现实主义的艺术语言，是创造性的，富有表现力和感染力。

二、活动目标

（1）观察画面中多种线条不同规则的运用，感受作品夸张的表现风格。

（2）大胆发挥想象，尝试运用多种线条进行夸张的绘画。

（3）通过对作品的讨论分析，促进幼儿对夸张线条作用的理解。

三、活动准备

（1）经验准备：基本掌握运用直线、简单螺旋线、弧线绘画的方法。

（2）材料准备：欣赏作品以及其他速写、素描的自画像作品；粗细不同的各色彩色铅笔、记号笔、毛笔、广告色（红、黄、蓝、白色等）、图画纸等绘画材料。

四、活动重点、难点

重点：感受作品夸张的展现手法。

难点：运用线条进行非常规的表述。

五、活动过程

（一）欣赏作品

（1）出示速写和素描的自画像作品，引导幼儿观察，感受画面的具象美。

（2）展示毕加索的作品《女人的半身自画像》，幼儿进行对比观察，找出两幅作品各自的画面特点和不同之处。

①师：你觉得这幅画画的是什么？这是一个什么人？你是怎么看出来的？是男人，还是女人？

②师：画家是怎样表现女人的？画家画这个女人都用什么样的线条？（幼：直线、曲线、折线；长线、短线；密集的曲线等）

③师：画家是用哪些线条表现女人特点的？头发是用怎样的线条表现的？它们在哪里？牙齿是用怎样的线条表现的？它们在哪里？腮红在哪里？是怎么表现的？

④师：直线条、曲线条的运用带给你什么样的感受？（幼：很奇怪的感觉）直线和曲线结合是不是使作品变得更生动、更富有变化？

⑤师：画面中运用多种线条所表现的女人给你什么样的感觉？（幼：凶恶、伶牙俐齿、尖刻等）师：谈谈带给你的感受！

（二）幼儿创作

引导幼儿用画家夸张、变形的排列组合方法表现自己。

①师：画家用硬硬的，尖尖的线条来表现女人。请你也用不同的线条夸张地表现自己吧。

②师：想想你的性格是什么样的？是勇敢的还是温柔的？你的情绪是什么样的？是愉快的还是紧张的？什么样的线条更能表现你自己？

（三）幼儿作品评价

（1）哪幅作品是用丰富线条表现自己的特征的？说说你要表达的特征是什么？

你认为还有更好的方法吗？

（2）哪幅作品是用夸张形式表现的？什么地方最夸张，夸张的效果是什么？这样的效果像你吗？还有什么地方是你希望改变的？

六、教学反思

在活动中，幼儿看到这幅画时，首先是惊讶。因为在他们已有的欣赏经验中，没有见过如此有视觉冲击感的绘画作品。于是在欣赏过程中，教师应尽量让幼儿尝试去理解作家的特殊绘画方法。

当教师问"小朋友们觉得这个人画得好看吗？"时，有的幼儿说好看，有的幼儿说不好看。虽然他们还没有很好的表达、概括能力来说明具体原因，但从他们的言语间可以感受到好看与否的原因都是来自于对这幅自画像的"特别"感受，比如他的头发很特别，小朋友看到这三根头发便想起之前老师讲到一个故事里的人物，接着他们就开始围绕着故事理解这幅画的意义。有的幼儿因为画像的某一点"特别"而觉得好看，有的也因为画像的某一点"特别"而觉得不好看，这些都是来自于孩子们自身真切的欣赏感受，是属于他们自己的"特别"想法。

在接下来的引导创作过程中，结合幼儿的特别感受，鼓励幼儿"特别"的绘画表达，引导他们尝试用多种材料来画"特别的自己"。想怎样"特别"就怎样画，把自己想象成与平时不一样的一个人，想怎样画就怎样画，鼓励他们大胆表现。幼儿在创作过程中，从选择材料的角度出发，运用新颖的材料创作出有自己风格特点的《自画像》，用橡皮泥、彩色卡纸、礼物盒包装纸等，还有的幼儿运用电子手段进行创作。使创作的自画像生动活泼，富有童趣。

七、幼儿作品展示及分析

幼儿作品（一）	作品分析
	幼儿能运用不同的表现方法进行创作，丰富画面的表现形式，使作品更具有层次感。与原作相比，更突显幼儿的创作与个性的表达，呈现的视觉效果也就各不相同了。
幼儿作品（二）	作品分析
	利用流畅的线条、明亮的色彩使得画面充满了明快的氛围，也突显出孩子天真开朗的性格。幼儿用多种线条进行表达，使作品与大师的画有了一分神似。

坐着的女人——米罗

图 6-10　坐着的女人

一、作品分析及欣赏定位

《坐着的女人》是一幅令人愉快的作品，画中没有什么明确具体的形，而只有一些线条、一些形的胚胎、一些类似于儿童涂鸦期的偶得形状，显得自由、轻快、无拘无束。这幅作品颜色的运用非常简单：红、黄、绿、蓝、黑、白，在画面上被平涂成一个个的色块，使整幅画面洋溢着一种自由天真的气息，很容易被幼儿接受和喜欢。然而，这幅看起来不经意的作品，其表现形式却是画家经过认真思考而得来的。我们选择这幅作品用于欣赏，其用意就在于让幼儿感受作品概括的线条所表达出的简洁美，以及那充满了幻想与幽默的气息。

二、活动目标

（1）观察作品中线条的概括形式，感受画面的简洁美。

（2）尝试运用简洁概括的线条创作人物作品。

三、活动准备

材料：绘画纸、水彩笔、黑色记号笔、小刷子、水粉颜料。

四、活动重点

重点：通过模仿人物动作，体会线条的概括性质，理解画家用简单线条表达出的丰富内涵。

难点：坚持用作品的表达方式进行人物画的创作。

五、活动过程

（一）欣赏作品

（1）引导幼儿欣赏画面内容，重点感知画面中不同的线条。

①师：你觉得这幅画画的是什么？（幼：小鸟、老鼠、稻草人）

②师：你是怎么看出来的？能给大家指一指吗？

③师：画家是怎么表现这个女人的？谁来试试这个姿势？

教师请一名幼儿戴上有毛线球的帽子，穿上厚重的棉大衣，侧坐在椅子上请幼儿欣赏，对照画家的画进行理解。

（2）引导幼儿感知作品中线条的运用。重点感知画面中用简洁线条表现的人物。

①师：画家是怎么画的？用了哪些线条？（幼：像"1"一样的线指竖线；像"圆"一样的线指弧线；像"三"字的线指平行线；像拐弯一样的线指折线……）

②师：这和平时画人的方法一样吗？哪里不一样？

教师可将孩子们以前的绘画作品与大师的画进行对比。

③师：来看看我们画的人和这幅画中的人有什么不同？（我们以前画的人都是正面的，画有头发、眼睛、嘴巴，身上有漂亮的衣服）师：那画家的画呢？（幼：画家画的人则是侧身坐着的，用了很简单的几条线；只能看出头和身体）

（3）讨论。

①师：我们现在再来仔细欣赏这幅作品，看看它带给我们什么感觉？（幼：线很少，画得很简单）

②师：很少、很简单的线条画出来是什么样呢？（幼：像小朋友画的，像随便画的，很可爱的）

③师：那我们的方法和画家的方法比，谁的作品让人感觉更轻松、更自由呢？（幼：画家的作品更轻松、更自由）

④师：除了轻松自由你还有什么感觉？（幼：还觉得挺有趣的，挺活泼的，挺滑稽的）

（二）创作表达

（1）创作引导。

①师：现在就请小朋友模仿大师的方法来创作一幅人物作品，可以画不一样的动作。谁愿意到前面来分别做动作，让大家看看？

②师：说说你想打算画哪个动作，你怎么用最少的线条来画出这个动作？

教师帮助个别孩子建立自己的想法，与之讨论用什么样的线条来表达更像大师的方法。

（2）幼儿创作，教师个别指导。

《坐着的女人》这幅画与幼儿平时画画的表现方法不一样，通过对比观察分析后，激发了孩子们尝试画家的方法的愿望。由于这是一种新的绘画表现手法，因此有的幼儿选择了模仿，有的选择了画出不同的人物和动作。

幼儿在创作过程中，通过模仿画家表达了自己对线条使用方法的理解，提高了自己用绘画元素表达事物的能力；有的幼儿用主体构图形式创作出"不同人物造型"，降低了构图和表达难度，使之适于自己的水平；还有的幼儿发挥了自身的想象，表现了运用间接线条进行创作的能力。

（三）作品评价

绘画结束后，教师将孩子们的作品张贴出来，组织他们进行了讨论。

（1）让我们看看哪幅画是用简洁线条表现人物特征的？

和幼儿讨论哪些画是哪些不是，并将不是的作品取下来。

（2）让我们看看这些作品表现的都是什么姿态，你是怎么看出来的？

和幼儿讨论这些不同姿态是用怎样的线条表现出来的。

（3）让我们一起来欣赏这些作品，说说它们带给你的感觉。

根据幼儿创作的作品特征和幼儿讨论有关"轻松的、笨拙的、自信的，不满的"等情感体验。

六、教学反思

《幼儿园教育指导纲要》提出：在教学欣赏过程中引导孩子感受艺术中的美，并能用自己的方式进行表现和创作。落实该纲要，带领孩子们进入米罗的艺术世界，让他们在欣赏美的过程中发展审美和表达能力，是一件极为赏心、愉悦的事情。

（1）提供背景让幼儿添画线条。

为了让孩子们有充分的精力表现简洁的线条，教师提供了有彩色色块的半成品绘画纸。幼儿把简洁的线条表现在纸上，使线与面形成了良好的呼应。线条与色块的交错造型，更加衬托出线条的流畅、散发出简洁的动态美。

（2）利用动作模仿帮助幼儿理解画面内容。

幼儿的思维是具体形象的，抽象的线条虽简洁但让幼儿理解起来却有难度。为了让孩子们更好的理解具体事物与抽象线条之间的关系，请来了幼儿当"小模特"，戴上有毛线球的帽子，穿上厚重的棉大衣，侧坐在椅子上请大家欣赏，利用直观形象与作品中人物对照进行理解。通过对幼儿的引导，不断加深幼儿对简洁美的认识，为幼儿的自主创作打下良好基础。

（3）利用评价环节欣赏作品。

幼儿的言语能力不足，常借助艺术活动表达他们对周围事物的认识和情感态度。美术欣赏活动具有情感性、愉悦性、形象性、想象力、活动性等特点，非常符合幼儿的这种需求。引导幼儿用画家的方式进行表达，在幼儿和大师之间架起通往艺术殿堂的桥梁，使幼儿的作品既凸显其闪光，又符合艺术的审美规律，也使孩子们更加自信，体验到成功的快乐。

七、幼儿作品展示及分析

幼儿作品（1）	作品分析
	作品能用简洁的线条大胆表现人物，具备一定的概括形的能力。画面中呈现的简洁流畅的线条，说明孩子已经领悟了大师绘画作品中的简洁美。
幼儿作品（2）	作品分析
	作品运用大胆、随意、轻松、自由的线条，概括人物特征，抽象表现了一个充满童趣的人物。

麦田与柏树——梵高

图 6-11　麦田与柏树

一、作品分析及欣赏定位

《麦田与柏树》是荷兰著名画家梵高的作品。他的画中充满了令人迷醉的色彩和线条，一种难以模仿的、激情四溢、让人无法忘却的美。在作品《麦田与柏树》中，燃烧般的柏树、风吹过的麦田、天空中飘动的云彩均由扭动的长线与短线构成。二者在画面中交互运用，表现出画家复杂而强烈的情绪和情感表达的冲动。

为了聚焦内容，实现艺术活动的教育价值，我们把这节美术欣赏活动课定位在绘画语言的要素之一——线条上。目的是引导幼儿观察画家用扭动的线条表达物体的方式，感受作品散发出的动荡与激情。

二、活动目标

（1）观察作品中物体的表现方法，感知曲线的运用。

（2）尝试运用长、短相间的曲线创作一幅具有动态美的作品。

三、活动准备

材料：水粉纸、粗细不同的水粉笔、丙烯颜料；绘画纸、油画棒；彩色纸、剪刀、胶棒。

四、活动重点、难点

重点：（1）引导幼儿观察体会扭曲的线条所表达的动感、张力和方向性；（2）引导幼儿感知画面中物体色调表达的丰富性。

难点：用长短不同、扭曲方式和方向也不同的线条、笔触来画不同的物体，幼儿在绘画过程中通常难以区别或者顾此失彼。教师要结合幼儿的实际绘画水平给予个别指导。

五、活动过程

（一）欣赏作品

（1）引导幼儿欣赏画面内容。引导重点：感知画面中所有物体都是有动感的。

①师：这幅画中都画了些什么？（幼：有天空、草地、大树、云彩；还有大山）

②师：画出的物体都是什么样的？［幼：树是这样的（用手向上举和摆动），都是扭动的］

③师：再学一学麦田是什么样的？云彩又是什么样的？（用肢体模仿树、云彩、麦子、青草在扭动）

④师：生活中你在什么情况下见过这样姿态的树？（幼：在刮风的时候见过这样摆来摆去的大树）

（2）引导幼儿感知作品中线条的运用。引导重点：感知画中的物体均是用不同扭曲程序的线条画出来的。

教师首先将孩子们以前的绘画作品制作成电子幻灯片放映给他们看。

①师：让我们来看看用其他方法画的树和这幅画中的树有什么不同？（幼：我们画的东西都不动；这些大树是用一种绿颜色涂出来的；画家的树是用不同颜色、许多弯弯的线画在一起的）

②师：看到这幅画你有什么感觉？（幼：像是在刮风；草和大树还有云朵都在动）

③师：画家用什么样的线条画的柏树？它是直的还是弯的？（幼：弯弯的线条）

④师：请你找一找画面中还有哪些地方用了这样的线条？（幼：麦田、云、山这些都是用了弯弯的线）

⑤师：这些线的长短一样吗？方向一样吗？［幼：不一样，有长的，有短的；方向也不一样，有向这边的，还有向那边的（幼儿边说边用身体和手势加以解释着）］

⑥师：麦田、柏树与云彩的曲线一样吗？有什么不一样？（幼：不一样；麦田的曲线短，柏树的曲线长一点，云朵的曲线最弯、最长）

⑦师：曲线让画中的物体有了怎样的感觉？（幼：云朵像是在飘来飘去；大树和麦田像是被风吹得摇晃了起来；我们平时画的大树就是一笔挨着一笔涂的，感觉画中的大树不动，画家画的大树在动；感觉这幅画里面的东西都在动；画家画的云，像西游记里的孙悟空踩的云；画家画画的地方刮起了大风，但是不是很冷）

（3）讨论。

①师：这幅有动感的作品带给你什么感觉？（幼：很特别的感觉）

②师：你认为画家的心情是什么样的？他为什么要用这样的线条来画画？（幼：他很激动；他喜欢刮风；这样画很好看，画出来的东西都在动）

注意：当幼儿不知道怎样表达对作品的感觉时，就需要教师的进一步引导，帮助幼儿寻找自己对作品的确切感觉。这里教师就用询问画家心情的方法，巧妙地启发幼儿去体会画家的情感表达。

（二）创作

（1）创作引导：主要是让幼儿体验用扭动的线条创作有动感的绘画作品。

师：请你们也用画家的方法创作一幅画面上会动的作品吧！说说你们都想画什么？

询问个别孩子，帮助其建立自己的想法，鼓励幼儿按照自己的想法画出不同的内容。

（2）幼儿创作，教师个别指导。

师：注意要分别用长的曲线和短的曲线来画不同的物体。

《麦田与柏树》这幅画与幼儿平时画画的表现方法不一样，所以孩子在对比观察后，就想试一试画家绘画的方法。由于这是一种新的绘画表现手法，因此有的幼儿选择了模仿，通过模仿画家的画表达了自己对作品的理解，同时也展示了自己的绘画实力；而用主体构图形式创作出"跳舞的小人"和"树"的幼儿，一方面表现了运用曲线进行创造的能力，另一方面也降低了构图和表达的难度。

（三）作品评价

绘画结束后，孩子们的作品在桌面上摆放一排，我组织他们进行了讨论。

（1）让我们找出画面中的物体似乎在动的作品，说说你的理由。

（2）让我们找出画面中的线条长短不同的作品，说说哪里不同。

（3）让我们找出画面中有新意的作品，说说你的想法。

孩子们的回答五花八门。有的说汪文杰画的线条流动感最强，并且和画家的作品非常像；有的说武子琦画的草线条最长，也特别好看，天空中的云彩被他用手指旋转涂抹后还显出了晕染的效果。高萌悦画的《跳舞小人》和张宇诺用剪贴方法创作的《树》都是非常有新意的作品。高萌悦画的《跳舞小人》的线条有长有短，有曲有直，恰当地表达出了人物的身体特征和肢体舞动的姿态；张宇诺用绿色彩纸粘贴出的《树》的枝叶好像随风起舞，彩色碎纸粘贴的树干更加衬托出树的勃勃生机。孩子们在作品中的表达与发挥，是他们自己对作品欣赏的诠样。让我体会到欣赏是人们对接触到的美好事物产生的一种积极感觉，是个性化的、仁者见仁，智者见智的过程。

六、教学反思

在活动过程中，我通过提问、放映幻灯片等方法对幼儿加以引导，不断地调动幼儿的审美积极性，使他们进行积极地思考、联想、体会、感受。幼儿也通过语言、动作、手势、表情来表达对美术作品的认识与理解，积极地呼应我。美术欣赏也是一种思维习惯，需要通过长期持续的培养和潜移默化的熏陶而形成，所以我在班级中为孩子提供了一个丰富多彩的欣赏环境，让他们在丰富的审美体验中学会欣赏美，喜爱美，追求美。

七、幼儿作品展示及分析

幼儿作品（1）	作品分析
	幼儿作品的构图和色彩均与原作惊奇的相似，说明幼儿的绘画基础比较好。幼儿已经能较好地理解并掌握了用扭曲线条表现有动感的物体的绘画方法。特别是线条和笔触产生的流动感非常强烈，使画面具有动感和生命力。
幼儿作品（2）	作品分析
	构图与色彩既与原作相似又有变化，油画棒的笔触使浅绿色蓬勃向上的草团充满了生机，特别是天空中旋转的云彩在幼儿用手指有方向的涂抹后，显出了晕染的效果。画面中运用了丰富的、变化的短线，画面流畅有动感。
幼儿作品（3）	作品分析
	主体突出，构图饱满，色彩和谐；用绿色彩纸条粘贴出的枝叶好像随风起舞，彩色碎纸粘贴的树干更加衬托出树的勃勃生机。

夜空——梵高

图 6-12　夜空

一、作品分析及欣赏定位

这幅画展现了一个高度夸张变形与充满强烈震撼力量的夜空景象。画家以奔放的类似火焰般的笔触，描绘了夜空中奇特的月亮和星星。那一大片陷入蓝色和黄色的漩涡之中的天空，好像已经变成一束反复游荡的光线的一种扩散，使人头晕目眩。那巨大的，形如火焰的柏树，以及夜空中飞过的像卷龙一样的星云，也许象征着人类的挣扎与奋斗的精神。风景在发狂，山在骚动，月亮、星云在旋转，而那翻卷缭绕、直上云端的柏树，看起来像是一团巨大的黑色火舌，这是梵高的躁动不安的思想感情的自然流露，其中也包含着画家身受精神创伤后的某种非理性的成分。

通过梵高作品《夜空》的欣赏，我发现中班幼儿受自身认知和情感经验的限制，感受、情感表达会比较困难，而且除了情感外，《夜空》在表现手法上亦有其独特的风格。让幼儿先从内容的表达和形式的分析出发，这是吸引幼儿欣赏本作品的有效方法。这幅画中呈现两种线条风格，一是弯曲的长线，一是破碎的短线，二者交互运用，使画面呈现出炫目的奇幻景象。在构图上，骚动的天空与平静的村落形成对比。柏树则与横向的山脉、天空构成视觉上的平衡。全画的色调呈蓝绿色，画家用充满运动感的、连续不断的、波浪般急速流动的笔触表现星云和树木；在他的笔下，星云和树木像一团炽热燃烧的火球，正在奋发向上，具有极强的表现力，给人留下深刻的印象。

二、活动目标

（1）欣赏梵高的作品，感受画面中流动的笔触所表达出来的强烈情感。

（2）感知画面中短线相接的基本绘画方式，尝试用短线表现星空。

三、活动准备

经验准备：幼儿欣赏过梵高的绘画作品，并了解作品《夜空》的特点。

材料准备：ppt《夜空》、背景音乐、水粉纸（深蓝色）、各色丙烯颜料、棉签、彩色油画棒、砂纸等。

四、活动重点、难点

重点：感受画面中笔触、色彩、形象所传达出来的强烈情感。

难点：模仿梵高用短而快的用笔来表现画面。

五、活动过程

（一）欣赏作品

（1）引导幼儿欣赏画面内容。引导重点：自由表达对作品的感受、相互探讨交流。

①师：你喜欢这幅画吗？这幅画带给你什么样的感受？（幼：有刮风的感觉，感觉有光芒，很安静的感觉）

②师：你喜欢这种感受吗？为什么？（幼：不喜欢，因为刮风就很冷。我喜欢，因为很漂亮。我也喜欢，因为有黄色很亮）

③师：你喜欢这幅画吗？为什么？（幼：喜欢，因为有许多弯弯的线，像真的在刮风；我喜欢这幅画，因为特别亮，有许多星星和月亮）

④师：你不喜欢这幅画的原因是什么？（幼：不喜欢，树画得太黑了，有点吓人）

（2）引导幼儿感知画面的构图方式。引导重点：观察作品内容，逐一感受其特征。

①师：画上都画了什么？（幼：星星、月亮、树木、房子、天空、云）

②师：画中的天空是什么样的？和你见过的天空有什么不同？（幼：画中的天空有许多线，而且在流动；真正的天空是黑黑的，只有星星和月亮；他画的月亮弯

弯的，有好多层，真正的月亮不是这样的，星星也是，而且星星也不是有很多颜色的，天空也不是有很多颜色的；星星和月亮外面没有那么大的光芒，只能看见一点点光芒）

③师：画中的树是什么样子的？和你见过的树有什么不同？（幼：他画的树是弯弯曲曲的，但是真正的树是比较直的；没有树枝树叶，树顶是尖尖的）

④师：画中的房子是什么样子的？和你见过的房子有什么不同？（幼：画中的房子很小，很矮；有很多小小的房子，还有一个尖顶的教堂）

⑤师：画中的地面是什么样子的？和你见过的地面有什么不同？（幼：看不见地面，被房子挡住了；只能看见远处的山）

（3）介绍作品的名字，了解主题的表达。

①师：画家给这幅作品起名叫《夜空》，从哪里可以看出画家表现的是星空夜呢？（幼：画上有星星和月亮；画面很暗，像是在晚上；有的房子开着灯）

②师：谁的颜色最醒目？（幼：星星，月亮）

③师：谁占的面积最大？（幼：天空；大树占得面积大）

④师：谁的线条最有力？（幼：大树的线条）

（4）引导幼儿从笔触上欣赏作品。引导重点：感知线条的绘画方法。

①师：作品中主要的物体是怎么画出来的？（幼：用线条）

②师：这幅画中不同的物体都是怎么画出来的？（幼：星星是用很多的短线画出来的；树是用弯弯的线条画成的；山是用波浪形的线条画成的；房子是用短斜线画成的）

③师：线条是直的还是弯的？（幼：有的是直的，有的是弯的）

④师：线条是长的还是短的？（幼：天空和星星月亮都是短线，大树是长线）

⑤师：线条是连的还是断的？（幼：断开的小短线相接在一起）

⑥师：线条方向相同吗？是顺着向一个方向的吗？（幼：不相同）

⑦师：这种笔触画出的画有什么感觉？你看了有怎样的感觉？（幼：神秘、害怕、激动；很害怕，感觉好多小线条包着星星，都喘不过气来；好多蓝色，感觉有些神秘）

⑧师：你觉得这幅画特别吗？什么地方特别？（幼：特别，星星和月亮的画法很特别；以前我们画月亮时就画一个弯弯的月亮，画家画的月亮和星星好像都动了

起来；好像觉得天空都动了起来）

（二）创作过程

（1）创作引导：鼓励个性化的创作，强调用适当的线条和方法表达。

师：你也试着用这种方法画一幅有关夜空的作品吧！（幼：启发幼儿思考夜晚的天空都有什么？

鼓励幼儿大胆表现个人想法。

提醒幼儿用弯曲的长线和短线相接的方法进行绘画。

（2）幼儿创作、教师个别指导。

指导幼儿选择材料，用适宜的纸和笔。指导选用独特的色彩表达作品的个性。

幼儿一看到《夜空》这幅画，就知道这是一幅表现夜晚天空景象的作品。这与幼儿原有的经验有关。但是作品用深浅颜色不同的短线来绘画，是幼儿没有体会过的表现手法。这让幼儿有刮风的、光芒的、安静的、高兴的、明朗的感觉。幼儿还提到日常生活中的风是看不见的，画家却画出了流动的风。星星和月亮外面套了个大大的光芒，也给他们留下了深刻的印象。幼儿在创作时，更愿意来试一试画家的这种表现手法。开始时，幼儿使用油画棒绘画，但是没有画出"短线"的效果。后来幼儿又选择使用水粉颜料、小排刷绘画，发现画出了深浅不同的颜色，但是"短线"的效果不是很明显，幼儿手部控制不好使用排刷的力度，画不出小"短线"的效果，却画出了"大毛毛虫的效果"，幼儿对自己的作品还是不满意，于是我们为幼儿提供了比较好控制绘画力度的棉签，幼儿进行了第三次绘画，孩子们很满意自己的作品。

（三）作品评价

（1）讨论线条表达丰富的作品。

①师：哪幅作品运用了明显不同的线条？（请幼儿上前用手指指看，说说哪不同）

②师：对这些不同的线条你有什么样的感觉？（幼：有得很密，有的像波浪）

（2）讨论线条表达有特点的作品。

哪幅作品的线条像画家画得很有特点呢？上前指指看，说说你的感觉？

（3）讨论色彩或内容有特点的作品。

哪幅作品有与众不同的内容呢？说说你的理由。

六、教学反思

在教学活动前，我首先对作品进行了细致的分析，并提前让幼儿欣赏了梵高的另一幅作品《罗纳河上的星夜》，为幼儿做好经验铺垫，使他们更容易了解画家独特的绘画手法，体会画面所表达的情感。

欣赏名画是一个享受的过程，梵高的这幅《夜空》，就仿佛把我们带到了一个童话般的世界，让我和孩子都陶醉其中，感受画家那种夸张的表现手法展示的一个神秘莫测的夜空。画中流动着的云和闪烁变化的星空，都吸引着孩子的眼球。我采用先让幼儿感受整体画面，再进行局部欣赏，最后再整体的欣赏方式，让幼儿对作品有一个整体的感受，所以我提问："画面上画了什么？"针对幼儿的回答，我进行了追问，就是让幼儿学会分层次的欣赏画面内容，仔细观察画面中的色彩和近景远景的变化，使幼儿的后期表达更加细致。这幅画的绘画表现手法是幼儿没有见过的，给他们带来了不同的感觉。幼儿说出了自己不同的感受：像刮风、放光芒、生长、漩涡，动起来的感觉。星星和月亮外面套了个大大的光芒，一层一层，裹得紧紧地，让人喘不过气来，给幼儿留下了深刻的印象。幼儿在创作时，更是愿意尝试画家的这种表现手法来进行绘画创作。

七、幼儿作品展示及分析

幼儿作品（1）	作品分析
	这幅画体现了对欣赏作品的基本模仿。画面中的主体部分以短线连接的方法进行描绘，突出了作品的动态美。边缘部分用其他线条点缀，将作品衬托得生动且神秘。颜色深沉的灰黑色砂纸，使作品的背景十分厚重，用油画棒表现流动的线条，创造出油画的效果。

幼儿作品（2）	作品分析
	这幅作品体现了线条的多样性和流动性。天空的短线表达了有力的风在有方向的运转，扭动向上的线条画出了松树在大风的作用下激烈地摆动。整幅画面充满了动感。色彩运用比较明快、富有变化，远处的流云选用了深蓝色，而近处的就选用了一些浅蓝和白色，体现出画面的层次性。
幼儿作品（3）	作品分析
	这幅《夜晚的动物》体现出幼儿夸张的想象力和表现力。幼儿用短线相接的方法来表现夜晚的景物，使他们充满了活力并栩栩如生。不同的物体用不同方向的线条得到区分，表达了作者的独特想法。画面用色艳丽，为我们展现了一个幻象丛生的夜晚。

第三节 构图要素作品欣赏案例

山崖——修拉

图6-13 山崖

一、作品分析及欣赏定位

修拉是法国新印象画派的创始人，他的点彩技法让人赞叹不已。《山崖》这幅作品中，除了大面积的点彩手法，其独特的构图方式也是比较突出的欣赏点。构图上，这幅画主要是采用视点构图法。通过利用海平面作为视平线，进行画面内容分割，并通过近处的景物比较大，远处的景物比较小这样的方式表现画面景物的远近空间关系，同时利用悬崖岸边的曲线变化，使整体画面变得更加生动、有变化。本幅作品将作画的位置选择在高高的悬崖上，使整幅画面表现的视野更显辽阔，更加富有立体感。

二、活动目标

（1）感知画面构图表现形式，体会画面景物的远近空间关系。

（2）尝试运用画面中的构图方式表现景物的空间关系。

三、活动准备

（1）经验准备：认识各种作画的工具和材料，并能正确使用，幼儿有过画水粉画的经验。

（2）材料准备：白纸、水彩、油画棒、丙烯颜料、广告色等（根据儿童的想法提供适宜的工具）。

四、活动重点、难点

重点：引导幼儿发现、感知作品的这种构图方式所表现出的景物远近空间关系特点。

难点：尝试在绘画活动中，采用近景远景的构图方式来安排自己的画面，进行绘画创作。

五、活动过程

（一）欣赏作品

（1）引导幼儿欣赏画面内容。引导重点：观察感知画面内容。

教师用幻灯片出示作品《山崖》，给幼儿一种视觉冲击。

①师：小朋友们，今天老师带你们去郊游，瞧瞧我们来到了什么地方？这是什么地方的景色？（幼：海边、山崖上、海边的风景图）

②师：在这幅风景画中你都看到了什么？（幼：小草、大石头、山崖、大海，海上好像有帆船、天空、白云，好像还有两个人）

（2）引导幼儿感知画面的构图方式，引导重点：观察画面景物位置，感受画面景物的远近关系。

①师：我们看到的这些美丽的景色都在画面的什么位置？（幼：山崖在画面的右下角、大海在中间、蓝天在最后）

通过幼儿起立变换自己的位置，感受画面的远近关系。教师引导幼儿想象进入画面感受景物的位置关系。

②师：什么地方离我们最近，我们先来到了哪里？（幼：山崖上）师：它在画

面的哪个位置？（幼：在画面的下方）

③师：我们要顺着山崖走到它突出来的这块悬崖旁边，站在这里你有什么感觉？（幼：空气很好、景色很美、很平静、有点害怕）

④师：你为什么害怕呢？（幼：因为悬崖太高了、看着有点斜着，挺险的）师：那我来拉着你的小手，有没有感觉好一些（幼：好多了）

⑤师：我们继续欣赏风景吧，站在山崖上，离你最近的是什么？（幼：是大海，就在山崖下面）

⑥师：大海在画面的什么位置？（幼：在中间）师：它给人什么感觉？（幼：很平静）

⑦师：踮起脚尖再看看，最远处是什么？（幼：天空，还有白云）

⑧师：大海远处有什么？（幼：好像有帆船，是大白鹅吗？）

⑨师：你发现离我们越远的景物就会变得怎样？（幼：变得很小、有点看不清）师：离我们很近的景物看起来是怎样的？（幼：很大、很清楚）

（2）引导幼儿感受作品画面空间关系带来的美感。

师：你觉得画家这种近景、远景的构图方法给你什么样的感受？（幼：感觉很舒服，有陡陡的山崖和平静的大海，和真的一样，觉得有立体感）

（二）创作

（1）创作引导：主要强调画面的构图形式。

师：今天，我们也用这样的远近构图方式画一幅作品！说说你想画什么？你都准备把它画在哪里？你打算选择什么样的绘画材料？

鼓励幼儿大胆实践自己的想法。

（2）幼儿创作、教师个别指导。

利用景物在画面不同位置变化给人所带来的不同远近感觉，帮助幼儿建立构图关系，例如：近处的景物要画的大一些、清楚一些，远处的景物画的小一些、模糊一些。

（三）作品评价

教师将幼儿作品拍成照片，放到投影仪上，请幼儿相互欣赏，评价。

（1）你喜欢哪幅作品？为什么？

（2）哪幅画最能让我们看出近景和远景？

（3）看看这幅画面上的近处有些什么？远处有些什么？最远处是什么？

（4）你是怎么看出来的？

六、教学反思

通过一系列的名画欣赏活动，幼儿开始对名画欣赏有了很浓厚的兴趣。在欣赏《山崖》这幅作品的活动中，我以游戏的形式和口吻，带幼儿去海边郊游，让幼儿"身临其境"地感受作品，这样很快让幼儿和画家产生视觉和情感上的共鸣，感觉自己仿佛就在画中，更加有利于他们发现作品中景物之间的位置关系，并更好地感受到作品画面带给他们的不同体验。在活动中，当我们想象着踏上悬崖欣赏风景时，孩子们会不自觉地发出各种感慨："呀，好美的景色呀！""空气真好！"等感慨；当有的幼儿怕高时，他们会表现出自己曾经有过的在高处的感受，害怕、紧张。此时，教师会在情感上及时给幼儿以支持"来，别怕，我拉着你的手"，别的小朋友看到，也都拉起小手，互相鼓励继续欣赏远处的风景，也正是因为有这样轻松愉快的体验，让幼儿和名画和大师近距离的接触，幼儿更能够体会出作品带来的不同感受，更加理解作品所赋予的创作之美。

七、幼儿作品展示及分析

幼儿作品（1）	作品分析
	这幅画中，幼儿选择水粉来表现景物之间的位置变化，近处的悬崖和悬崖上看景色的人，远处天空中的海鸥，采用近大远小的构图手法，突出画面的立体感，在颜色的选用上，大胆且丰富，知道近处的景物使用较深的颜色表现，远处的景物用色较浅。

幼儿作品（2）	作品分析
	在尝试过很多次的绘画方式后，幼儿慢慢摸索构图的技法，这幅画是幼儿在模仿修拉的《山崖》基础上，加上自己的想象所画。从这幅画可以看出，幼儿对作品的构图已有一定的了解，而且也可以多角度地、细致地观察和表现画面，近处的小人，远处的椰子树和太阳，都使得画面有较强的立体感。
幼儿作品（3）	作品分析
	这幅作品运用点彩画法表现画面内容，作品下半部分用色厚实，纯度较高，与上半部淡淡的蓝绿色形成了鲜明的对比。一实一虚、一浓一淡使画面具有空间感。

有色块的构图——蒙德里安

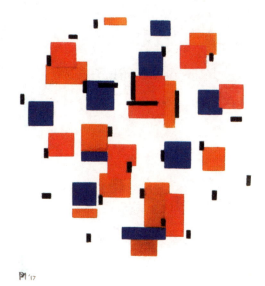

图 6-14 有色块的构图

一、作品分析及欣赏定位

《有色块的构图》是大师级画家蒙德里安的作品。画面由红黄蓝三色的正方形和长方形以及黑色短的水平线和垂直线构成。图形间的并列、叠加使画面变得丰富，显得和谐而富于变化，如同一首音节长短起伏，但有主旋律的歌。在这些不同颜色、不同形状的图形间穿插着一些长短不同的黑色短线，它们使画面在鲜艳而富于变化的色块分布中得到一种稳定和平衡。红黄蓝以及黑、白的对比、排列，就如同音符的旋律变化。图形与短线的组合，给人秩序感、结构、韵律美。

二、活动目标

（1）初步感受作品独特的表现方法，体会作品传达出的节奏与韵律美。

（2）尝试用自己喜欢的方式大胆表现韵律美。

三、活动准备

材料：彩色卡纸、颜色大小各不相同的长方形、正方形纸、胶棒、白纸、水彩笔、油画棒、废旧纸盒、纸卷、瓶子、即时贴等。

四、活动重点、难点

重点：引导幼儿欣赏作品，感受作品中的秩序感、结构和韵律美。

难点：感知图形并列、叠加，短线穿插的秩序美感，颜色对比的明快与强烈。

五、活动过程

（一）欣赏幻灯片

教师放映格子围巾幻灯片供幼儿欣赏。

师：这些围巾是什么图案？是什么颜色的？（幼：围巾是格子图案的，有的是黑白色格子，有的是红黑色格子，还有的是黄白色格子）

（二）欣赏作品

（1）引导幼儿欣赏画面内容。引导重点：感知画面中图形的组合和短线的穿插，发现韵律美。

①师：这幅作品中画了什么？（幼：有长方形、正方形；还有黑色的短线）

②师：这些图形是什么颜色的？短线是什么颜色的？（幼：图形是红色、黄色和黑色的；短线都是黑色的）

③师：这些图形和黑线分别是怎么排列的？（幼：图形有的挨着，有的叠加着；黑线是水平的、垂直的）

（2）引导幼儿感知作品中图形及线条的运用。引导重点：感知作品中充满了图形和短线，它们是排列、交错在一起的。

①师：比较一下，这些围巾跟这幅作品有什么相像的地方和不同的地方？（幼：都有正方形，都是彩色的；围巾上的正方形一样大而且整齐，画上的图形有正方形和长方形，但是不整齐；画上的图形颜色多，很好看，画上还有黑色的线，有的水平，有的竖直；画上的图形有空隙，不是连在一起的）

②师：看到这幅画你有什么感觉？（幼：觉得鲜艳好看；觉得有意思；觉得有点儿不整齐）

（3）讨论。

①师：这幅有图形和短线的作品带给你什么感觉？（幼：很美丽；很特别；很

有意思）

②师：你认为画家的心情是什么样子的？他为什么要用这些图形和短线来画画？（幼：他很高兴；他喜欢图形；这样画很好看，画出来的图形像一家人）

（三）创作

（1）创作引导：主要是让幼儿体验用大小不等的长方形、正方形和短线绘画。

①师：请你们也用画家的方法创作一幅图形的作品吧！

②师：说说你们喜欢什么图形？喜欢什么颜色？喜欢大一点的还是小一点的图形？

帮助幼儿建立自己的想法，鼓励幼儿按照自己的想法创作。

③师：除了可以画出这样的作品，你还想用什么方法表现作品？

鼓励幼儿可以尝试剪贴、粘贴的方法表现。

（2）幼儿创作，教师个别指导。

师：选择自己喜欢的材料和方法大胆试一试，注意要分别用正方形、长方形和短线来表现。

《有色块的构图》这幅画与幼儿平时画的图形的表现方法不一样。孩子平时经常会运用图形进行平面组合，画自己喜欢的形象，比如：楼房、人物、交通工具等，这些都是具体的形象。教师重点引导幼儿对比这幅画进行观察后，激发幼儿想试一试画家绘画的方法，用正方形、长方形进行并列、叠加的构图方法。幼儿可以从模仿开始，也可以选择自己喜欢的方式进行创作表现。

（四）作品评价

绘画结束后，孩子们的作品在桌面上摆放一排，我组织他们进行了讨论。

①师：让我们找出画面中有正方形、长方形的作品，比一比谁的图形有大小对比，有并列、叠加的排列？

②师：让我们找出画中有黑线的作品，比一比谁画的黑线有长有短，有横有竖？

③师：我们介绍一下自己选择的材料、创作的方法。

孩子们的回答积极热烈。有的说文文的作品最好看，因为他画的图形好看并且没歪没乱，颜色涂得很均匀，也有空隙；有的说馨玉的瓶子最好看，图形很鲜艳，黑线也多，横的竖的长的短的像迷宫；有的说纯纯的作品很好看，她贴的图形有的大有的小，非常鲜艳有趣；有的说旺旺的作品好看，有的长方形在站队，有的长方形在做操。大部分孩子都很喜欢装饰好的蛋糕盒，觉得颜色好看，而且这是一个组商讨、合作的结果，是集体的功劳。在整个欣赏过程中，幼儿基本关注到了作品的秩序感、结构以及韵律美感，有了自己的认识，所以在创作中主要表现了各自的关注点，大胆地表现了自己对作品的理解。

六、教学反思

通过借助多媒体放映，使幼儿在欣赏中进行视觉对比，更容易帮助幼儿理解作品。通过提问引导幼儿积极思考，投放丰富的材料，开发创作空间。支持幼儿大胆表现自己的想法，鼓励幼儿同伴间的合作，在讨论中培养幼儿的审美情趣。活动结束部分，幼儿相互欣赏作品，大家积极地发表自己的看法，突出了幼儿个性化发展及伙伴间的相互学习，同时也引发孩子们在美工活动区的进一步创作。

七、幼儿作品展示及分析

幼儿作品（1）	作品分析
	幼儿作品选择了红黄蓝三原色，用绘画的方式进行表现，画面干净明亮。在绘画的过程中幼儿注意突出了图形的大小变化、颜色变化，画面中黑线长、短、横、竖及位置变化的运用，活跃了画面的节奏，让画面充满了韵律感。
幼儿作品（2）	作品分析
	作品选择了圆柱立体造型，运用即时贴在废旧纸卷芯和洗发水瓶子上粘贴创作。幼儿尝试模仿原作品的风格，关注到了图形的有序排列，但是忽略了图形大小的对比。创作过程中幼儿能运用变换方向的线条，初步理解了作品的秩序美。

续表

幼儿作品（3）	作品分析
	作品选择了六面体造型，运用即时贴在废旧纸盒上粘贴的方法。由多名幼儿协商、合作完成了作品，他们选择了一系列冷色调，突出了明快简洁统一的风格。黑线条在使用过程中也关注到了横竖变化和长短的对应，图形的交错、颜色的呼应体现了作品的秩序美感。

水彩画——米罗

图 6-15 水彩画

一、作品分析及欣赏定位

米罗的《水彩画》这幅作品有种天真、活泼、淘气的风格，并且富有诗意。画面中以黝黑的底色，衬托出中间大色块的集中排列，使作品构图饱满且大气均衡。明亮的色彩，尤其是红、蓝、黄、绿这几种颜色以不成形状的图案构架成图，再加上扭曲变形的物体，使其作品显得简洁、朴素，幽默、轻快，表现出孩童般的纯真。我们将这幅作品的欣赏点定位于构图，希望通过对作品的欣赏，帮助幼儿了解这种既简洁又轻快的构图形式。

二、活动目标

（1）感受深浅颜色对比产生的强烈视觉效果及富有特点的构图形式。

（2）观察不同用笔方法所表现出的不同质感。

（3）感受画家创作的随意性。

三、活动准备

黑色卡纸、水粉笔、水粉颜料、彩色粉笔、砂纸、油画棒。

四、活动重点、难点

重点：幼儿平时画画使用的多是白纸，采用的是实体构图方法。本次活动就要打破他们的固有习惯，体会黑纸作画产生的强烈视觉效果和肆意涂抹的构图方式。

难点：练习并掌握表现干湿、疏密等不同效果的用笔方法，构图饱满并有个性。

五、活动过程

（一）欣赏作品

（1）引导幼儿欣赏画面及布局。引导重点：观察、辨别画面中色块的位置。

①师：画面中有哪些色块？这些色块都在画面的什么位置？（幼：红色、黄色、蓝色、绿色、白色、橘色。在中间，在前面；感觉就在眼睛前面；感觉很近；看起来比较明显）

②师：这些色块是怎么画上去的？它们用笔的方法一样吗？（幼：不一样。绿色是斜着画的，黄色先在纸上画上颜料，再用手指涂开，红色和黄色的方法一样，灰色是先用颜料涂色，再用轳辘滚一下；蓝色是用水粉笔画上去的）

③师：不同用笔方法画出的颜色效果一样吗？有什么不一样？（幼：不一样，红色和黄色看起来像是在水里看到的，很模糊，绿色看起来有些软，灰色看起来有些硬）

（2）猜猜画家是在什么心情下画出这幅画的？引导重点：感受画家创作的随意性。

①师：你能从画面看出具体内容吗？（幼：看到一个人；一个盆或是一个罐子里面放着草，黑黑的天空里有一个月亮）

②师：这幅作品是《水彩画》，你觉得画家在画这幅作品时是随意画的还是事先想好的？说说你的理由？（幼：随意的，因为没有轮廓；事先想好的，因为他想要画一些东西）

③师：画家在画这幅画的时候心情是什么样子的？（幼：轻松、高兴；不高兴、丧气、沮丧；紧张，这幅画儿有些难，害怕画不好，所以紧张）

（二）创作

（1）创作引导：指导幼儿进行深浅颜色的配合使用，自愿表达事物、景象。

师：今天我们要用和平时不一样的深色卡纸来画一幅画。请你选择喜欢的颜色来搭配，用画家的构图方法进行绘画。

创作的过程中，教师要注意提醒幼儿使用多种用笔方法来表现不同质感的画面内容。

（2）幼儿创作，教师个别指导。

注意观察指导幼儿绘画笔触的多样化，以及构图的流畅。

（三）作品评价

绘画结束后，孩子们的作品贴在展板上，教师和幼儿进行讨论。

（1）哪幅作品的色彩分布看起来比较舒服？为什么？

（2）哪幅作品在用笔方法上能表现出物体质地的不同？你是从哪看出来的？

（3）哪幅作品能让我们感受到深浅颜色对比产生的强烈视觉效果？

六、教学反思

今天的欣赏活动以学习作品自由的构图形式为主要目的，通过感受深浅颜色对比产生的强烈视觉效果，了解色块的组合规律和不同用笔方法产生的画面质感差异。这样的学习形式，简单直观有针对性，幼儿很容易理解，教师通过提问引发幼儿探究思考。活动中幼儿积极大胆表达自己的想法，并尝试按照自己的理解进行创作。幼儿在日常生活中多愿意选用浅色的底纸和丰富颜色的画笔进行创作，通过欣赏此作品，在创作时体验使用和平时不太一样的深色底纸，搭配艳丽的颜色画笔进行创作，使幼儿有了与以往不同的强烈色彩感受。

七、幼儿作品展示及分析

幼儿作品（1）	作品分析
	这幅作品的构图非常饱满，不同内容的排列紧凑且有重叠，与欣赏作品的构图相比，显得相对复杂。幼儿将作品中的"鸟"加以变形使之"抽象"，说明已经初步理解了"抽象"的表达形式，深浅对比色的运用以及对白色的强调突出了"鸟语"这一主题。
幼儿作品（2）	作品分析
	这幅作品笔触肯定而果断，色彩鲜艳明亮，纯度较高，整个画面具有了米罗作品中的天真、活泼、自由的风格特点。幼儿在创作过程中充分吸收了欣赏作品中的色彩强烈对比特点，使用的颜色有红、绿、蓝、白、黑等纯对比色，同时还把色彩家族的规律运用其中，使用了橙黄、橘黄和明黄；纯白和暗白，使作品的色彩表达既丰富又和谐。

文森特的椅子——梵高

图 6-16 文森特的椅子

一、作品分析及欣赏定位

梵高于 1888 年 12 月画了自己的椅子，即《文森特的椅子》，画中的椅子放于画面中部突出的位置，上面放着梵高一刻也不离的烟斗和烟丝，下面是斜线的地板，椅子上和周围没有人。整幅画面充满了孤寂、哀伤的气氛。说明作者此时已经意识到朋友高更即将离去，自己又要陷于那种没有欢乐也没有争论的孤独境地，因此，作品所传达出来的悲凉情绪是如此之浓，以致令人从中体会出梵高那孤寂落寞的眼神。与其说"文森特的椅子"是一件静物，不如说这张没有人坐的空椅和放在上面的物体是作者孤独凄凉的明显象征。

二、活动目标

（1）感受画面重点表现的事物，尝试用突出主体的构图方式表现作品。

（2）通过了解作品的故事背景，感受画家通过物品所表达出的内心情感。

三、活动准备

16 开素描纸、彩色水笔、油画棒、水粉纸、水粉颜料。

四、活动重点、难点

重点：引导幼儿欣赏作品突出主体的构图特点，鼓励幼儿尝试用这种构图方式进行创作。

难点：引导幼儿理解突出主体的构图方式带给人的特殊感受，以及运用这种方法表达情感，进行创作。

五、活动过程

（一）作品欣赏

（1）引导幼儿欣赏画面内容，重点感知画面突出主体的构图方式。

①师：这幅画中都有什么？（幼：有椅子，椅子上面有张纸；有木门；椅子上面好像有个垫子）

②师：椅子在画面的什么位置？（幼：画在画面的正中间）师：放在这么重要的位置说明什么？（幼：说明这把椅子很重要；他只想画这把椅子；是个特写）

③师：椅子上面还有什么？（幼：有纸；不知道，好像是个烟斗）

④师：这是一天中的什么时间？（幼：早上，中午）师：你是怎么看出来的？（幼：有阳光）师：那就是白天。

⑤师：这是一个什么样的房间？（幼：这个房间很旧，东西不多，房子有点小）

点评：至此，教师把突出主体的构图方式清楚地进行了引导。

（2）猜想画家要用椅子和烟斗表现什么，重点感知突出主体的构图方式起什么作用。

①师：猜猜画家要用椅子和烟斗表现什么？为什么画的是椅子和烟斗而不是别的？（幼：椅子上就放着烟斗他就画了；告诉别人这是一把古老的椅子；让大家认识烟斗的样子；告诉别人这是我的烟斗）

②师：你觉得这会是谁用过的椅子和烟斗？（幼：一个朋友的、画家自己的、一个老爷爷的）

③师：那画家想通过椅子和烟斗告诉我们什么呢？（幼：没有人坐这把椅子，他很伤心；这些是古董；这是朋友的东西；最喜欢这把椅子，留作纪念）师：可以

看出画家很伤心,还有谁同意他的看法?(有几个孩子附和)

④师:你有没有过和画家一样的思念之情呢?看到某个东西就会想到一个人?(幼:有,我一看到我的自行车就能想起我的小哥哥,这是他小时候玩的;我一看到我的小书包就想起小姨,那是她给我买的)

点评:至此,教师清楚地引导幼儿如何用突出主体的构图方式来表达思念的情感。

(3)介绍作品的故事背景,重点提升幼儿对作品的认识。

①师:听完这个故事,你对作品有什么新的想法?画家是怎么表达自己内心情感的?(幼:把它画得大大的;放在正中间;用颜色表达感受)师:就是说,把物体放大、放在中间醒目的位置和用适当的颜色都能表达情感。

②师:画家用了什么颜色表达自己的思念之情?(幼:黄色;土黄色表达思念的情感)师:黄色和土黄色是暖色调还是冷色调?(幼:暖色调;有点暖)师:思念是暖色调,那画中还有没有悲伤的颜色呢?(幼:蓝色,蓝色显得悲伤)

点评:至此,教师帮助幼儿从构图和色彩两方面把情感表达的方式进行了整体提升。

(二)创作过程

(1)创作引导:让幼儿体验用突出主体的构图方式表现作品。

师:我们也用画家的方式画一幅和你有关的故事吧!想一想你有哪些要突出表现的物品?

询问个别孩子,帮助其建立自己的想法,鼓励幼儿按照自己的想法画出不同的内容。幼儿创作过程中,教师要观察他们的所画之物是否主体突出,使用的色调能否显示出一定的情感。

(2)幼儿创作,教师个别指导。

通过欣赏原作,幼儿在构图方式上受到明显启发,表现的都是对自己来说很重要或很有意义的物体。他们将重点要表现的物品画在画纸中间,又将情感融入到作品中,挑选了一些颜色,进行了一定的装饰。

(三)作品评价

绘画结束后,孩子们的作品贴在展板上,教师和孩子们进行了讨论。

①师:让我们来看看哪幅作品是用突出主体的构图方式来画的?(幼:把是的

作品保留，不是的拿下来）

②师：让我们来看看这些作品画的是什么？说说你为什么要画它？

③师：谁对这些作品有特别的感受？上前指一指，说说看。

孩子们很愿意参与到讨论中，有的说妮可画的椅子一定是她最喜欢的东西，因为她画的椅子大大的，正好在画的中间。有的说航航的椅子最舒服，厚厚的像是沙发，摆在画面正中间。烨子的小兔真可爱，颜色粉粉的，一定是她最喜欢的玩具。由于孩子们在欣赏过程中关注到了作品的内容、构图方式以及表达的情感和意境，对欣赏作品有了更多角度的理解，所以在创作中也融入了自己的想法并大胆表现。

至此，幼儿通过亲身创作，相互比较和交流，进一步体会并掌握了用突出主体构图方式来表达内心情感的绘画审美规律。

六、教学反思

以往我们给幼儿欣赏的作品多以色彩、技法为主，构图类的作品较少。其实这种突出主体的构图方式，幼儿很容易理解，只要启发得当，提问到位，就能有效引导幼儿的观察和思考，调动他们的审美积极性，从而丰富他们的创作表达技巧。

七、幼儿作品展示及分析

幼儿作品（1）	作品分析
	所画之物在画纸的中央，体现了突出主体的构图形式。作品使用了黄色、橘黄色、浅粉色和红色等鲜艳的颜色来装扮椅子，色调非常欢快。丰富的图案也使人感受到孩子积极的情绪和愉快的心情。

续表

幼儿作品（2）	作品分析
王勃升 5号	幼儿运用流畅的线条，构图饱满地表达了这一主题。深浅不同的蓝色，与背景暖色调形成了鲜明的对比，使主体更加突出。画面整体色调给人带来宁静祥和的美感。

幼儿作品（3）	作品分析
	这把椅子的空间透视感很强，也很准确，说明孩子从欣赏作品中接受了范例的指导，而且本身的空间感和表达技能都有基础。颜色鲜明的椅子和棕红色的地面造成强烈反差，使作品一改忧伤的情调而彰显出坚定有力的性格，也使画面更有层次感。

八、幼儿创作过程展示

第四节　技法要素作品欣赏案例

几个圆形——康定斯基

图 6-17　几个圆形

一、作品分析及欣赏定位

《几个圆形》是俄国著名画家康定斯基的作品。康定斯基是现代艺术的伟大人物之一，现代抽象艺术在理论和实践上的奠基人。他的作画风格是把几何形体和音乐融汇在一起，来表现自己的情感、情绪。在《几个圆形》里，作品中大小不同的圆形通过色彩的变化，在宁静的黑色的空间里互相擦肩飘过，给人一种静谧、圆润、流畅的音乐感，使人感受到抽象艺术的美。在康定斯基的作品中，其构图、线条、色块均有一种内在的精神欲望，充满自由的激情流露，在运用线条、色块组合上没有固定格式，均是画家强调精神表现的产物。

根据画面内容，为了实现艺术活动的教育价值，我们把这节美术欣赏活动课定位在绘画语言的要素之一——技法上，目的是引导幼儿感受画面的特殊表现技法，欣赏画家如何运用不同大小、虚实、色彩的圆形，通过不同的位置转化，来表现虚幻变化的画面，并尝试用多种材料进行类似作品技法的创作。

中班幼儿开始进入"形象期"，他们能用简单形状逐渐深入地表现越来越多的事物。中班幼儿已经认识了一些简单的几何图形，有使用几何图形进行拼贴的经验，如粘贴小松树、房子、人物等，但在运用粘贴技法的过程中仅能根据老师提供的图形进行较为固定模式的粘贴。而康定斯基的这幅作品构图和谐，颜色丰富，把此画定位于技法能更直观地帮助幼儿打开创作思路，有助于幼儿尝试运用不同于以往的技法进行美术创作活动。

二、活动目标

（1）欣赏作品，感受画面的构图以及特殊表现技法。

（2）尝试用多种材料进行类似作品技法的创作。

三、活动准备

幻灯片、色彩大书、麻布、绵纸、彩色卡纸、圆形大小不同的套盒（制作图形用）、墨汁、音乐《胡桃夹子之雪花圆舞曲》。

四、活动重点、难点

重点：引导幼儿观察画面中不同圆形的构图，感受两个不同颜色的圆形交叉时颜色的变化。

难点：在技法之外，作品有着非常和谐的构图，如何引导幼儿在技法的创作中进行和谐的构图是本次活动的难点。

五、活动过程

（一）欣赏作品

（1）引导幼儿欣赏画面内容。引导重点：感受不同大小、颜色的圆形的变化。

①师：从这幅画中都看到了什么？它们都是什么形状的？（幼：许多的圆形……）

②师：他们像什么？（幼：星球、泡泡、棒棒糖、雨水落在湖里的水晕！）

③师：这些圆形一样吗？哪里不一样？（幼：这些圆有的大有的小，有的圆还把其他的圆遮住了；还有各种各样的颜色，这些颜色有的很鲜艳，有很淡，但是搭配在一起感觉很舒服；位置不同、颜色不同）

（2）引导幼儿感知作品创作的技法。引导重点：观察作品，感受画面运用色彩的特殊表现技法。

①师：你觉得这些图形是怎么表现出来的？（幼：画的、粘的……）

②师：两个不同颜色的圆形相交的地方还是原来的颜色吗？（幼：不是，变得和原来的颜色不一样了）

③师：那么，我们可以用哪些材料、方法来表现这些圆形呢？（幼：印画、粘贴圆形纸）

④师：我们还可以选择什么材料做背景？（幼：纸、布……）

⑤师：我们可以怎么样表现圆形相交的色彩变化呢？（幼：用两个圆形的颜色画相交的地方，选用透明的彩纸叠加粘贴）

⑥师：你认为这幅作品为什么选用黑色作为背景？（幼：让圆形的颜色更明显）

（3）引导幼儿了解画家创作的方式。引导重点：引导幼儿了解画家喜欢在音乐伴奏下进行创作。

①师：你听说过这位画家吗？康定斯基是一位学识渊博的艺术家，他的爱好非常广泛，康定斯基从小就喜欢音乐，学习了绘画之后他更是喜欢在音乐的伴奏下进行美术创作，音乐更能激发他美术创作的灵感。

②师：你觉得画家在画这幅画时心情如何？是很兴奋，还是生气，还是平和的？（幼：平和的，看着这些圆形和颜色感觉很舒服，觉得画家在画画时应该也很舒服吧）

③师：你看了这幅画有什么感觉？（幼：感觉每个圆都很漂亮，感觉这些圆就像气球在空中飘，感觉好像有许多彩色的泡泡飘起来）

④师：你想像康定斯基一样在音乐伴奏下进行创作吗？（幼：想！）

（二）幼儿创作

（1）创作引导，主要鼓励幼儿在音乐伴奏下尝试使用不同的方式，如粘贴、油画棒绘画等方式进行创作。

请小朋友们也用画家的构图方法和运用的颜色来创作一幅画吧！说说你想用什么样的方法作画呢？引导幼儿说出自己的想法，教师鼓励幼儿大胆尝试。

（2）幼儿创作，教师指导。

在幼儿使用粘贴、绘画或其他方式进行创作时，引导幼儿注意构图及颜色的变化。

（三）作品评价

（1）欣赏创作方式独特的幼儿作品，鼓励幼儿说出自己的想法。

（2）欣赏各种大小圆都有，而且摆放位置看上去很舒服的作品。鼓励幼儿说出自己的想法。

（3）欣赏圆的颜色很漂亮的作品。鼓励幼儿说出自己的想法。

在欣赏过程中孩子们充分表达了自己的想法，对艺术作品每个人都有自己不同的感觉，这种感觉没有对错之分，关键在于鼓励幼儿大胆表达。很多孩子都很喜欢黄怡然的作品，认为她的作品"是粘贴的，和画家的不一样，不是画的"，"颜色很多，很漂亮""纸上有很多很多的大小不同的圆"。还有小朋友评价战圣航的作品"圆的摆放和画家画的很像""有的圆是用棉纸贴出来的，两个圆交叉的地方能看到颜色的变化"。还有小朋友评价张大卫的作品"用油画棒在黑色卡纸上画很漂亮""颜色很鲜艳，看上去很舒服"。

六、教学反思

在教育活动结束后我对自己的这次活动从以下几个方面进行了反思。

（1）突出技法的引导，让幼儿感受到创作活动的乐趣。

幼儿的生活经验有限，因此此次活动的重点落脚在技法方面，这样有助于幼儿的经验积累，通过活动，孩子们了解到美术活动不仅仅是绘画，同一幅作品我们可以从不同的角度去欣赏，而且还可以使用多种方法去表现和创造。此次活动不仅提升了幼儿感受美的能力，更帮助幼儿拓展了发现美、创造美的意识和能力。

（2）为幼儿创设音乐背景氛围，激发幼儿的创作热情。

在向幼儿介绍作者时，我们了解到画家同时也是一位音乐家，喜欢听着音乐创作，于是我在活动中也给孩子们播放了优美的音乐《胡桃夹子之雪花圆舞曲》，引导幼儿在音乐的伴奏下富有激情的进行创作，使孩子们的参与兴趣更加浓厚，同时也使得孩子们的作品更富有个性。

（3）利用《色彩大书》帮助幼儿理解颜色叠加带来的奇妙效果。

在活动过程中，我通过放映幻灯片引发幼儿欣赏的兴趣，运用贴近幼儿生活的语言引导幼儿欣赏作品中丰富多彩的颜色所带来的视觉感受。而两种不同颜色混合变化为一种新的颜色是幼儿比较难以理解的，于是我使用有彩色胶片的《色彩大书》，引导幼儿感受两种不同的颜色叠加会变成新的颜色的现象，加深了幼儿对色彩变化的理解。在不断调动幼儿参与活动的积极性的同时，促进幼儿积极思考、联想、体会、感受。

（4）延伸活动使名画欣赏渗透到幼儿实际生活中，使欣赏成为幼儿创造的源泉。

要使名画欣赏活动达到最佳效果，仅靠一次活动或幼儿自身的理解是不够的。因此活动后，我突发奇想，鼓励孩子们寻找各种各样的圆形，并引导幼儿想想哪些是我们可以利用的。幼儿的想象是有限的，因此接下来，我带着几名幼儿在美工区的活动中使用我们收集的各种圆形瓶盖、扣子等，进行了一次在孩子们看来更加富有创意的制作。当大大小小的瓶盖、扣子摆在纸上时，开始有点不知所措，但很快孩子们就能通过选择颜色、大小、摆放不同的位置等在操作中充分感知颜色的搭配、大小圆形的比例、构图，这说明孩子们对美的理解已经逐渐成熟了。

七、幼儿作品展示及分析

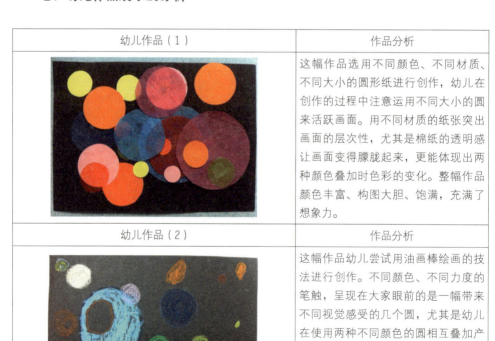

幼儿作品（1）	作品分析
	这幅作品选用不同颜色、不同材质、不同大小的圆形纸进行创作，幼儿在创作的过程中注意运用不同大小的圆来活跃画面。用不同材质的纸张突出画面的层次性，尤其是棉纸的透明感让画面变得朦胧起来，更能体现出两种颜色叠加时色彩的变化。整幅作品颜色丰富、构图大胆、饱满，充满了想象力。
幼儿作品（2）	作品分析
	这幅作品幼儿尝试用油画棒绘画的技法进行创作。不同颜色、不同力度的笔触，呈现在大家眼前的是一幅带来不同视觉感受的几个圆，尤其是幼儿在使用两种不同颜色的圆相互叠加产生新的颜色效果时，使得画面色彩更加丰富，更有层次感。画面的构图和颜色搭配也很有特色，能感受到幼儿在创作时的专注和完成作品后的兴奋。

续表

幼儿作品（3）	作品分析
	这是一幅由四个小朋友一起创作的作品。其中画面中各种大小不一的圆形的瓶盖，丰富了画面的表现形式。有平面的圆形彩色纸，有正面向上的瓶盖、有反面向上的瓶盖，还有的小瓶盖叠在大瓶盖上。不同材质的圆给人的视觉感受也各不相同。利用废旧物品的创作一定会增加孩子们参与的兴趣，而且视觉上更具立体多变的效果。

克里奥尔的舞者——马蒂斯

图 6-18　克里奥尔的舞者

一、作品欣赏分析及定位

　　马蒂斯的剪纸作品《克里奥尔的舞者》主要使用了鲜艳的色块做背景，作品造型极其简练，线条弯曲起伏，笔法轻松流畅，富于幻想情调，明朗而欢快，散发着儿童般的天真稚趣。剪纸的造型既简洁又概括，直接冲击幼儿的视觉感官，激发幼儿对美术创作的浓厚兴趣。作者对人物动态美的夸张表现，启发了幼儿的想象空间。

二、活动目标

（1）感受画面中高纯度颜色的运用以及抽象的人物形态拼贴在一起带来的装饰性美感。

（2）尝试运用自由剪纸拼贴的方式进行创作。

三、活动准备

材料：各色彩纸、剪刀、胶棒等，各种废旧材料。

四、活动重点、难点

重点：欣赏作品明亮色彩的运用及人物动态的夸张表达。

难点：如何引导幼儿理解人物动态形象的夸张表现手法。

五、活动过程

（一）作品欣赏

（1）观察画面，感受画面浓烈、明亮的色彩运用及夸张抽象的人物形态。

①师：你在画面中看到了什么？（幼：花、蝴蝶、很多颜色、黄色、小星星、树叶）

②师：这幅画的名字叫《克里奥尔的舞者》，作者叫马蒂斯，他表现的是一个跳舞的人。

③师：画家是怎么想象这个人的跳舞姿态的？哪像他的肢体，哪像他的服装呢？（请几个幼儿上前指认并模仿舞者的动作）

④师：观察这个跳舞的人，你觉得画家的创作方法有规律吗？（幼：剪出来的，很多胳膊）

⑤师：绿色是什么？谁能从绿色中找出舞者的身体和四肢？

⑥师：白色和蓝色的花瓣形是什么？它们为什么要左右对称地排列？（幼：是衣服，裙子，穿在中间）

⑦师：马蒂斯创作的人和我们平时创作的人，使用的方法一样吗？（幼：不一样）师：这就是夸张抽象的表现方法。

⑧师：画面中的人是在什么样的背景下舞蹈的？（幼：很多色块，荧幕下）师：色块的颜色和人物的颜色一样吗？（幼：不一样，背景没有绿色，也没有花瓣一样的颜色）师：不一样就把人和背景区分开了。

（2）讨论作品的创作方式，感受画面独特的表现风格。

①师：谁知道这幅作品是怎么创作出来的？（幼：剪出来的，画出来的）师：大家讨论一下到底像是剪出来的还是画出来的？（幼儿一致同意是剪出来的）

②师：谁知道这个跳舞的人是怎么剪出来的？（幼：用剪纸粘贴的方式，剪了很多纸条拼成的，很漂亮）

③师：舞蹈的背景是用什么方式表现的？（幼：用很多的颜色，用正方形，用色块拼的）背景的颜色和人物的颜色能一样吗？（幼：不能一样）

（3）感知作品表现出的装饰美。

①师：作品中的舞者给你什么样的感受？（幼：很漂亮；夸张的；很明亮，美丽的……）

教师肯定幼儿的想法——动作很夸张，服装很明亮，并进一步指出动作很舒展，所以感觉很美。

②师：作品的背景又给你什么样的感受？（幼：很鲜艳、很漂亮、很高兴……）

教师肯定幼儿的想法——感觉很漂亮、很高兴，因为用了鲜艳的对比色，就显得活泼高兴。

（二）创作过程

（1）创作引导：主要引导幼儿运用色彩鲜艳明亮的色块背景和夸张的人物动作进行创作。

师：请你也来运用作者的表现方法，创作一幅表现人物动作的作品吧！

首先引导孩子们利用各种色块剪贴背景。

师：说说你们都想剪什么背景？提醒幼儿注意用鲜艳色块的剪纸做背景。

待幼儿基本完成了背景制作后，引导幼儿创作要表达的人物动作。

师：现在可以创作自己要表达的人物了，注意要用不同的颜色和夸张的造型。

（2）幼儿创作，教师个别指导。

询问个别孩子，帮助其建立自己的想法，鼓励幼儿按照自己的想法创作不同的形状组成的背景和动态的人物。

《克里奥尔的舞者》的创作方式与幼儿平时在单色背景下粘贴作画的方法不一样，所以孩子们首选想通过模仿尝试一下这种方法。通过对作品中鲜艳的方形色块的观察，制作出类似的粘贴背景。部分小朋友受作品启发有了新的想法，剪出了一些三角形拼贴在一起做背景。为了创作出鲜艳的背景色块，孩子们边剪边粘贴、边对比色彩，沉迷于创作中。专注的眼神在剪刀和胶棒上跳来跳去，持续了很长时间。

（三）作品评价

创作结束后，我围绕本次活动的目标组织幼儿相互交流，鼓励他们说出自己的看法。

①师：哪幅作品的颜色特别的鲜艳明亮，对比强烈？

②师：哪幅作品的形象更夸张、生动，你是怎么看出来的？

③师：如果请你选一幅作品放在你的屋里作为装饰，你会选哪个，为什么？

六、教学反思

活动过程中，教师主要运用提问、追问的方式，引导孩子欣赏作品，不断调动孩子们的审美积极性，通过幼儿的认真观察去发现画面中隐含的欣赏要素，如背景中的各种色块在哪里，作品的主体在哪里，是怎样表现的，引导幼儿理解如何运用夸张的表现方式表现人物的动态特征，并启发孩子发挥自己的想象创作出更加独特的美术作品。幼儿创作过程中，在对舞者的动态表现上表现出比较多的差异，如有的小朋友模仿作者，剪出了很多与作品很相似的形状；有的幼儿却有了自己的想法，创作出了独特的夸张作品；也有一些幼儿剪出了头和四肢，虽然也是一个跳舞的人，但相对作者的表现手法写实了很多，这与中班孩子的年龄特点是分不开的。总之，幼儿都有自己的表现方式，这也是每幅作品最生动的地方。这让我体会到，欣赏可以启发孩子们很多想象空间，创作却离不开孩子已有的生活经验。我们应该创设更多可以打开孩子想象空间的机会，为启发孩子更加丰富的创作提供条件。

七、幼儿作品展示及分析

幼儿作品（1）	作品分析
	幼儿在创作背景时，运用颜色丰富的彩色纸，剪成不规则形状进行组合粘贴，色块大小排列、色彩组合搭配有规律、有变化。背景色彩对比鲜明，起到美化作品，衬托主体的作用。
幼儿作品（2）	作品分析
	通过幼儿作品我们可以看出，幼儿非常喜欢鲜艳的色块拼组背景，对原作构图的感觉也比较敏感，因此作品的构图和色彩搭配都与原作非常的形似，说明孩子已理解并掌握了夸张的表现手法，整幅作品富于幻想情调，明朗而欢快，用色和表现方式与原作十分相似。这充分体现了欣赏名家的绘画作品对提升幼儿艺术表现力的作用与影响。
幼儿作品（3）	作品分析
	这幅画我们感受到，幼儿欣赏了大师的作品之后，借鉴了大师的表现技法，用剪纸粘贴的方法进行创作。充分发挥想象，大胆地创作了一个在空中跳舞的人（右上），一个在地上跳舞的人（左下），幼儿富有想象力的创作，使整个画面呈现一种均衡的美感。

有栅栏的乡村路——修拉

图 6-19　有栅栏的乡村路

一、作品分析及欣赏定位

《有栅栏的乡村路》是法国著名画家修拉的作品。修拉是新印象画派（点彩派）的创始人。他的作画风格是画布上堆起与环境、阳光、颜色相互作用效果相符合的小圆点，并使这些彩色小圆点互相渗透到只有极小差异的程度，从一定的距离看上去，这无数的小点便在视网膜上造成所寻求的调色效果。在《有栅栏的乡村路》里，作品将以黄色、棕色为主的彩色小圆点拼凑、叠落，给人一种秋日里静谧、恬静之感，使人感受到新印象派艺术的美感。

根据画面内容，我们把这节美术欣赏活动课定位在绘画语言的要素之一——技法上，目的是引导幼儿感受画面的点彩效果，了解其创作技法，尝试用多种材料进行点彩技法的创作。

二、活动目标

（1）通过欣赏作品，感受画面的构图以及点彩技法。

（2）尝试用多种材料进行类似作品技法的创作。

三、活动准备

幻灯片、色彩大书、彩色卡纸、剪刀、蛋壳、乳胶、丙烯颜料、油画笔、油画棒、棉签、白色素描纸、音乐《秋日私语》。

四、活动重点、难点

重点：（1）引导幼儿观察画面中点彩技法呈现出的视觉效果；（2）观察感受作品中两种颜色渐变产生的光影效果。

难点：作品在技法之外有着非常和谐的构图，如何引导幼儿在技法的创作中进行和谐的构图是本次活动的难点。

五、活动过程

（一）欣赏作品

（1）引导幼儿欣赏画面内容。引导重点：感受不同颜色的小圆点表现出的事物形象。

①师：从这幅画中都看到了什么？它们都是怎样表现出来的？（幼：许多彩色小圆点拼出来……）

②师：这些彩色小圆点的排列一样吗？哪里不一样？（幼：落叶都是用黄色小圆点拼出来的，但是树枝上的远近叶子是用不同颜色的小圆点表现的，树干也是用不同颜色的小圆点拼出来的）

（2）引导幼儿感知作品创作的技法。引导重点：观察作品，感受画面运用点彩的特殊表现技法。

①师：你觉得这些图形是怎么表现出来的？（幼：画的、粘的……）

②师：每个物体点彩的方向一样吗？栅栏和树干处的小圆点是怎么排列的？落叶、小路呢？（不一样，栅栏和大树干是竖着点彩排列的，树叶和小路是横着点彩排列的）

③师：那么，我们可以用哪些材料、方法来表现点彩画呢？（幼：棉签画、撕纸粘贴画、蛋壳画、橡皮泥拼贴画）

④师：我们还可以选择什么材料做背景？（幼：纸、瓶子……）

⑤师：有落叶的小路我们可以怎样表现出厚厚的感觉呢？（幼：用深浅不用的黄色小圆点重复叠加在一起）

（3）引导幼儿了解作家创作的方式。引导重点：引导幼儿了解作家喜欢在音乐伴奏下进行创作。

①师：你觉得画家在画这幅画时心情如何？是很兴奋，还是生气，还是平和的？（幼：平和的，看着这些景物和颜色感觉很舒服，觉得画家在画画时心情很平静）

②师：你看了这幅画有什么感觉？（幼：很优美、很舒服）

③师：你想在音乐伴奏下进行创作吗？（幼：想！）

（二）幼儿创作

创作引导，主要鼓励幼儿在音乐伴奏下尝试使用不同的方式，如粘贴、油画棒绘画等方式进行创作。

（1）引导幼儿说出自己的想法，教师鼓励幼儿大胆尝试。

师：请小朋友们也像画家一样用各种颜色的小圆点来创作一幅自己喜欢的画吧！说说你想用什么样的颜色点出什么样的作品呢？

（2）幼儿创作，教师指导。

在幼儿使用粘贴、绘画或其他方式进行创作时，引导幼儿注意构图及颜色的变化。

（三）作品评价

（1）欣赏创作方式独特的幼儿作品，鼓励幼儿说出自己的想法。

（2）欣赏作品中点彩技法的运用上颜色小圆点有规律的排列，两个物体之间的颜色变化很明显、很整齐，鼓励幼儿说出自己的想法。

（3）欣赏作品中的点彩形象效果突出的作品，鼓励幼儿说出自己的想法。

对艺术作品每个人都有不同的感受，在欣赏过程中孩子们充分表达了自己的想法。

六、教学反思

在教育活动结束后教师对自己的这次活动从以下几方面进行了反思。

（1）利用电子教学设备帮助幼儿理解颜色叠加带来的奇妙效果。

在活动过程中，我通过引导幼儿观察名画，感知画面内如同秋日里的静谧、恬静之感。在引导幼儿观察点彩这种技法时，通过多媒体呈现了画面的局部，使幼儿理解各个景物都是由不同颜色的小圆点或排列或分散而组合成的视觉效果。不断调动幼儿参与到活动的过程中，促进其感受和理解同色系小圆点和不同颜色小圆点组合使用所产生的颜色渐变过程。

（2）突出技法的引导，让幼儿感受创作活动的乐趣。

在幼儿的创作引导上，我通过播放音乐引导幼儿安静踏实地进入创作状态中。为了使幼儿更容易获得成功感，我和幼儿讨论了幼儿的创作想法。在点彩过程中，起初幼儿的兴趣很浓厚，但缺乏坚持性。教师的适时介入，鼓励引导幼儿完成篇幅较大的创作。在提供材料上，丙烯颜料和油画笔的点彩更加快捷，效果突出。蛋壳粘贴也能够感受到由点拼成的画带来的不一样的美感。

（3）延伸活动使名画欣赏渗透到幼儿实际生活中，使欣赏成为幼儿创造的源泉。

要使名画欣赏活动达到最佳效果，仅靠一次活动或幼儿自身的理解是不够的。因此活动后，将名画投放在美工区供幼儿欣赏临摹，帮助幼儿更细致地感知作品。对于像点彩这一技法类欣赏活动来讲，引导幼儿感受同色系的色彩丰富感是如何形成的，色彩之间的颜色搭配是如何形成的，以及体会由小色点拼凑而成的色彩渐变过程，能够使孩子们对美的理解逐渐成熟。

每个孩子有自己不同的感觉，这种感觉没有对错之分，关键在于鼓励他们大胆表达。

七、幼儿作品展示及分析

幼儿作品（1）	作品分析
	从作品中可以看出，幼儿的点彩技法运用熟练，色彩使用大胆，主体突出。背景中的草坪用深浅不同的绿色和黄色表现出近浓远淡的视觉效果，使画面更有层次感。
幼儿作品（2）	作品分析
	幼儿通过欣赏作品，观察理解画面的主要内容及表现方法。尝试用撕纸粘贴的方法进行创作，既表现出点彩的效果，又便于操作。

鸟在天空爆炸的时候——米罗

图 6-20　鸟在天空爆炸的时候

一、作品分析及欣赏定位

米罗的作品《鸟在天空爆炸的时候》是一幅超现实表达的作品。画中以黑色为主的线条，几只黑色的手脚，似乎是在自由与偶然中产生的，其答案并不确切，但却有狂乱与恐怖的意味；画面中散落的微小红色、黄色、绿色符号，似乎是一种暗示，虽然与现实毫无联系，但它的内在引力和斥力，使人感觉出作品表达的是与我们生存现实相关的寓意。

为了聚焦内容，实现艺术活动的教育价值，我们把这节美术欣赏活动课定位在绘画语言的要素之———技法上。目的是引导幼儿感知多样化的笔触及彩色符号在作品中所起的作用。

二、活动目标

（1）感知作品多样化的用笔方法，以及红、黄、绿等彩色符号在画面中起到的协调点缀作用。

（2）尝试用凌乱的线和彩色的点表达自己的情绪、情感。

三、活动准备

经验准备：课前带幼儿观看一些事物爆炸情景的视频，引导幼儿了解事物爆炸的过程景象。

物质准备：16开素描纸、报纸、水粉颜料、毛笔、水粉笔、水彩笔、油画棒、卫生纸、棉签、即时贴等。

四、活动重点、难点

重点：（1）感知多样化的用笔方法及凌乱的线条；（2）感知彩色点在画面中起到的协调点缀作用。

难点：引导幼儿利用多样化用笔方法及彩色符号来表达个人的情绪、情感。

五、活动过程

（一）欣赏过程

（1）展示作品《鸟在天空爆炸的时候》，引导幼儿观察画面，体会整体感觉。

①师：你在这幅画上看到了什么？（幼：中间的黑点像黑洞；食人花；红点像定时炸弹，像个嘴巴）

②师：画面上什么东西给你印象最深？（幼：画面上的东西很乱；线很多很乱，看的眼睛都花了）

③师：谁以前也画过这样乱的作品？是什么情况下画的？（幼：我画过，边想边画就乱了）师：那你喜欢你的作品吗？（幼：不喜欢，因为看不出来是什么了）

④师：那我们看到画家的这幅作品有什么感受？（幼：觉得恶心；很漂亮）师：你喜欢自己的感受吗？说说为什么？（幼：喜欢，有不一样的线，彩色的像彩虹糖；不喜欢，太乱，黑了吧唧的）

点评：至此，教师引导幼儿充分感知了作品超现实主义的创作风格。

（2）观察画面中黑色的线条，感知它们的创作方法。

①师：现在我们看看画中都有什么样的线条？（幼：波浪线，直线，断断续续的线，拐弯的线；像是在素描；像蛇，像没有身体的鸟）

②师:再看看这些不同形状的线条在长短上、粗细上、方向上有什么区别?(幼:有粗有细、颜色有深有浅、有长有短)

③师:这些线条是用什么方法画出来的?(幼:用笔画;还用墨,点上以后用手抹)

点评:至此,教师引导幼儿精确感知了作品中的各种线条和可以使用的表达方法。

(3)观察画面中彩色的点与线,感知它们的表现方法。

①师:画面中除了线条你还看到了什么?(幼:大嘴巴、黑色小树叶,中间黑的像爆炸洞,东西炸的到处乱飞,像彩虹糖一样的彩色点)

②师:你在画面中能找到几种颜色?(幼:黑色、红色、黄色、绿色、蓝色)师:它们分别在画面的什么位置?(幼:黄色的在嘴巴上,红色的哪都有,绿色的一点,还有一点蓝色)师:像什么?(幼:彩色的像羽毛、黄色的像鸟嘴里炸出的、红色的点像流下的血,绿色的像树叶,黄色的点像黄豆)师:中间黑色泼墨的地方像什么?(幼:像定时炸弹、像黑洞、像爆炸体)

③师:这几个颜色是以什么形式表现在画面中的?(幼:点、线)师:在画中有什么样的作用?(幼:漂亮,装饰,恐怖,感觉很乱)

(4)介绍作品名称,鼓励幼儿充分发挥自己的想象。

①师:这些线条和泼墨的地方表现了画家怎样的心情?(幼:很美,有彩虹点;有种不祥的预感;心情乱七八糟,心里很不平稳;很恐怖)

②师:要是让你给这幅作品起个名字,想叫什么?(幼:乱七八糟;粉身碎骨;四不像;火山爆炸;炸飞了)

③师:画家给这幅画起的名字叫《鸟在天空爆炸的时候》,如果是你,你会觉得鸟在天空爆炸的时候还能是什么样子的?(幼:粉身碎骨掉下来,身体越来越鼓,炸的特别乱,像一团炸毛)

点评:至此,教师帮助幼儿把观看录像和生活中的经验与绘画建立了联系,理解了作品的表达手段。

(二)创作过程

(1)引导幼儿发挥创作想象。

师：如果用夸张、随意的线条和简单的颜色创作一幅画，你们想画什么？（幼：海洋生物爆炸体；小鸟掉下来；凤凰飞舞）

（2）幼儿创作，教师个别指导。

师：现在就请你们用随意、夸张的线条去表现一个事物，再用彩色符号去美化作品。

教师引导幼儿先用黑色线条去表现自己想要表达的事物，线条要夸张，随意变化，然后再引导幼儿用简单的色彩去装饰和美化作品。

（三）评价过程

作品创作结束后，教师将幼儿的作品一一展示在黑板上，组织他们相互欣赏并进行讨论。

（1）哪幅画面中的黑色线条是随意、夸张的，又有变化？

（2）哪幅画中随意的线条和色彩的搭配让你觉得很有新意？

孩子们看到自己和同伴的作品都很兴奋，纷纷阐述自己的想法。他们都认为自己作品中的线条是随意又有变化的，还评价说王骆一的作品线条有颜色深浅的变化，像一只凤凰快速地飞舞；尧尧的画线条虽然少，但是变化的线条能够表现出海洋生物爆炸的景象。通过对同伴作品的欣赏和讨论，引发了幼儿再次用画家的方法进行创作的欲望。

六、教学反思

（1）利用爆炸的视频和图片丰富孩子的生活经验。

为了丰富幼儿对爆炸情景的感知，活动前我为幼儿准备了爆炸的视频，通过观看动态汽车爆炸后车体四溅的景象，幼儿了解了爆炸碎片炸向不同方向，最后落在地上每个角落的情况，丰富了对"爆炸"现象的感知。

（2）通过细致观察感受丰富多变的线条。

整体欣赏了这幅作品后，我通过预设的层层问题调动幼儿步步思考，使得幼儿的欣赏活动成为有目的的过程，从而收到了较好的预期效果。

（3）引导幼儿用新技法创作和表现。

介绍了作品名称以后，我及时鼓励幼儿去大胆想想爆炸的场景还能是什么样子，从而调动了他们表达与创作的积极性。

七、幼儿作品展示及分析

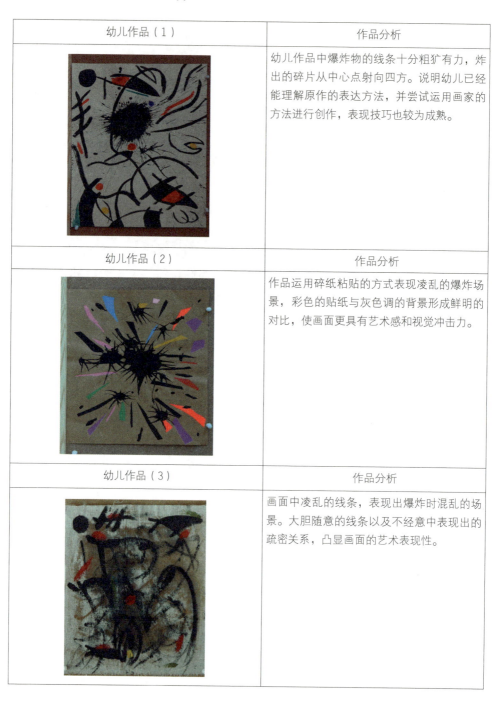

幼儿作品（1）	作品分析
	幼儿作品中爆炸物的线条十分粗犷有力，炸出的碎片从中心点射向四方。说明幼儿已经能理解原作的表达方法，并尝试运用画家的方法进行创作，表现技巧也较为成熟。
幼儿作品（2）	作品分析
	作品运用碎纸粘贴的方式表现凌乱的爆炸场景，彩色的贴纸与灰色调的背景形成鲜明的对比，使画面更具有艺术感和视觉冲击力。
幼儿作品（3）	作品分析
	画面中凌乱的线条，表现出爆炸时混乱的场景。大胆随意的线条以及不经意中表现出的疏密关系，凸显画面的艺术表现性。

夕阳下的柳树——梵高

图 6-21　夕阳下的柳树

一、作品分析及欣赏定位

《夕阳下的柳树》是著名的荷兰画家梵高的作品。画家借助于画面的几个简单景物——太阳、河流及草丛形成了画面上、中、下稳定的结构特征。粗大的柳树遍布其中，形成了画面观赏的完整性。作者深爱并擅长色彩，营造出了强烈的明暗对比，而所表达的事物，连透视、形体和比例也都随之而变形，因此给人以视觉上的强烈冲击。根据作品表达的综合特点，我们将欣赏要素定位于技法，目的是引导幼儿了解遮挡构图与色彩混搭的绘画表现技法，体会它的效果，并进一步感知空间结构与色彩反差带给人的视觉冲突感受。

二、活动目标

（1）引导幼儿观察画面上、中、下结构的色彩分割，体会色彩对比产生的视觉冲突。

（2）尝试利用遮挡关系的画法进行创作。

三、活动准备

带幼儿观察阳光下的物体，感受其丰富多彩。

欣赏图片《夕阳下的柳树》、黑色起稿笔、油画棒、绘画纸。

四、活动重点、难点

重点：观察感受画面上、中、下结构中其色彩的敏感对比。

难点：理解遮挡关系在画面中的表达，尝试创作体现遮挡关系的作品。

五、活动过程

（一）欣赏作品

（1）欣赏画面内容，感知画面的上、中、下空间位置。

①师：你在这幅画上看到了什么？（幼：有太阳、小河、树和草地）

②师：太阳在画面的什么位置？小河在画面的什么位置？树和草地在画面的什么位置？（幼：太阳在上面，小河在中间，树和草地在下边）

③师：上、中、下三个部分占的位置一样多吗？（不一样。太阳占的位置少，小河占得更少，草和树占的位置最多，树都超过了河，到顶上了）

④师：你觉得这幅画画的是什么季节？它给你什么样的感觉？（幼：感觉是秋天，草都黄了，哪都是黄色；是冬天，因为树叶都没了；可是河水还是蓝的，冻成冰就白了）

（2）观察作品色彩的对比反差，感受这种色彩反差带给人的醒目的视觉效果。

①师：画中太阳是什么颜色？给你什么感觉？（幼：太阳是橘黄色和黄色，感觉暖洋洋的）

②师：小河是什么颜色？给你什么感觉？（幼：小河是蓝色的，感觉小河的水是凉凉的）

③师：草地是什么颜色？给你什么感觉？（幼：大片的草都黄了，好像是秋天来了）

④师：树是什么颜色？给你什么感觉？（幼：树是黑的、灰的、棕色的，感觉好像要折了的样子，好暗啊！）

⑤师：那这幅作品整体上感觉是温暖明亮的还是寒冷灰暗的？（幼：是温暖明亮的，因为有大量的黄色，还有太阳）

（3）理解遮挡关系，学习绘画技法。

①师：树在小河的前面还是后面？你从哪里看出来的？（幼：前边。因为小河的有些地方被树给挡住了，所以树在小河的前面）

教师出示两幅小河的线穿过树干的作品让幼儿比较，并引导幼儿说说和欣赏作品有何区别。

②师：画这幅作品的时候应该先画什么？（幼：小草和大树）师：后画什么？（幼：小河和太阳）师：为什么？（幼：因为如果先画小河，后画大树，那么大树就不是在小河的前面了，而是在小河的后面了）

③师：画完大树后，小朋友在画小河的时候需要注意什么？（幼：画小河的时候遇到树就要空过去，不能让线穿过去）

点评：当幼儿需要理解画面空间前后遮挡关系时，教师就要做进一步的引导，帮助幼儿理解表达的关键之处和具体技法。这里运用的直观判断方法符合幼儿的认知水平，因此效果很好。

（二）创作过程

①师：下面就让我们学着画家的方法，创作一幅有前后遮挡关系的作品。

②师：画时注意看看画家在用线方向上是怎么画的？比如太阳的光芒是怎么画的？黄色的荒草是怎么画的？

《夕阳下的柳树》与幼儿平时平涂的绘画方法完全不同，所以孩子在观察后就想按照画家的涂色手法进行创作。因此多数幼儿选择了模仿，他们在模仿画家绘画技法的过程中体会到一种新的绘画效果，提高了自己的绘画技能。

（三）作品评价

绘画结束后，孩子们拿着自己的作品坐在一起互相交流，教师组织他们进行了讨论。

①师：让我们找出色彩分割清晰而又丰富的作品，看看都是怎么分割的？丰富性又是怎么体现的？

②师：让我们找出画面中有遮挡关系的作品，说说你是怎么表现出来的？

③师：让我们找一找谁的作品中有创意的想法，介绍一下你的想法。

孩子们的讨论热情极为高涨。有的说王馨雨画的太阳光芒线条最为美丽，因为他使用了和画家一样的绘画方法；有的说刘钦尚画的树干和树枝最为特别，有一种树木快要枯萎的视觉效果。聂伟名画的草丛颜色很丰富，并且有很好的层次感，是很有新意的作品。丁维一画的作品，不仅太阳光线放射的比较自然，而且树冠上的颜色也与太阳光的颜色相呼应，恰当地表现出太阳光照射在树木上的意境美。孩子们能够尝试运用画家的表现方法进行创作，是他们对欣赏作品充分理解的表现。让我体会到充分挖掘欣赏画的利用价值是我们的职责，要给作品一个良好的定位是提高教师自己教育技能的要求。这不仅是一种欣赏美好事物的过程，也是创造美的积极过程。

六、教学反思

（1）为幼儿创设欣赏的氛围，让幼儿充分感受作品。

在欣赏画的教学过程中，我们在班级中为孩子们提供了"请你欣赏"的版块内容，将欣赏画贴在墙面上进行展示，结合区域游戏有计划的在美工区分配不同时间开展欣赏活动。孩子们很关注《夕阳下的柳树》这幅作品，喜欢观看和讨论画中描绘的太阳、大树、小河等事物，会不时地与自己身边看到的太阳、大树、小河进行比较，激发了幼儿学习绘画的兴趣。

（2）丰富幼儿的生活经验，帮助幼儿理解作品。

结合欣赏《夕阳下的柳树》，我们利用身边能够观察到和接触到的事物，帮助幼儿调动各种感官充分理解作品。例如，在户外活动时摸一摸树干，感受树干的粗糙与坚硬；到花园里观察小草的生长，了解小草枝条的长度；在班级的水池中用小手摸一摸，感受水带给大家的凉爽，等等。孩子们结合生活经验有了自己对于色彩的不同感受，体会到画面中色彩的视觉冲突。

（3）鼓励幼儿大胆把自己的理解表达出来。

活动过程中，教师运用大量的提问引导幼儿将自己对于色彩的反差感受表达出来，并且给予肯定。提出的建设性追问使幼儿能够围绕欣赏点进行积极思考，并且将自己的想法大胆说出来。通过判断对错的方法对幼儿加以引导，帮助幼儿充分理解此活动的难点——"遮挡关系"，结合幼儿喜欢模仿的年龄特点，解决了孩子们在欣赏过程中出现的遮挡关系问题。幼儿也通过观察、模仿来学习美术作品中新的绘画技法，从而提高了自己的绘画技能。

七、幼儿作品展示及分析

幼儿作品（1）	作品分析
	作品通过用色彩冲突进行构图，并且体现了物体的遮挡关系。作品使用了黄色、橘黄色、大黄色、柠檬黄、棕色等相近色来表达丰富的暖色调，用小面积的蓝色和绿色表达了色彩的冲突，使画面更具有视觉的冲击效果。
幼儿作品（2）	作品分析
	作者选择砂纸、油画棒进行创作，通过色彩冲突和横竖不同的线条组合进行画面构图。能正确表现遮挡关系，大面积使用丰富的暖色调与小面积的蓝色形成鲜明的对比。
幼儿作品（3）	作品分析
	在作品中能够看到幼儿细致的观察力，画出了树木枝干的不同形态，仔细描绘了深秋时节树木在阳光照射下顽强的生命力。运用遮挡关系，小草也在不同光线映射下，呈现远近不同的层次感。

面具（蓝色）——米罗

图 6-22　面具（蓝色）

一、作品分析及欣赏定位

米罗的艺术个性相当独特，作品常常以女性、小鸟、星空为构筑对象，描绘的几何形体既非具象，亦非完全抽象，那些细致神秘的形体和符号，突显了画家创作意境的轻快、诗意、柔和。米罗的艺术生涯长达 60 多年，一生致力于多种艺术材质的创作研究，油画、石版画、铜版画、陶瓷画、壁画、挂毯画，无一不精。《面具（蓝色）》就是他创作的一幅陶艺作品，体现了他独特的创作风格和表现方式。

二、活动目标

（1）了解制泥作品的特殊表现方法。

（2）尝试用适宜的材料进行创作。

三、活动准备

（1）作品欣赏《面具（蓝色）》。

（2）操作材料：胶泥、彩泥、软陶、沙子、各种米、纸浆等。

（3）辅助工具：纸板块、木棍、拨子、豆子、广告色、皱纹纸、吹塑纸、胶水等。

四、活动重点、难点

重点：欣赏其操作技法，了解制泥的特殊表现方法。

难点：尝试用可操作的材料进行多种方法创作。

五、活动过程

（一）欣赏作品

（1）引导幼儿欣赏画面内容。引导重点：引导幼儿观察作品的表现内容。

①师：你觉得这个作品像什么？（幼：像个面具）

②师：这个作品表现的内容是什么？（幼：大象、鲸鱼、皮鞋、小孩、小狗）

③介绍作品——《面具（蓝色）》。

④师：米罗作品表现的面具和我们平时看到的面具一样吗？（幼：这个面具是摆着展示给别人看的，我们平时看到的面具是佩戴的）

⑤师：这个面具有什么特点呢？（幼：这个面具不是雕塑出来的，而是用木棍之类的工具在泥面刮出来的线条画）

（2）引导幼儿感知材料的作用。引导重点：了解作品使用的材料及制作方法。

①师：看看这幅作品，画家是用什么材料完成的作品？（幼：泥）

②师：这种材料有什么特点？（幼：软硬合适，可以随便变形）

③师：想一想还可以用那些材料和方法作画？（幼：可以用软陶、彩陶、沙子、胶泥、纸浆等材料。还可以用雕塑的方法；捏泥的方法和刮画的方法）

④师：不同的方法作画表现出来的效果一样吗？（幼：不一样，捏泥的方法更有立体感；雕塑的方法更精致；刮出来的方法有凹凸的感觉）

⑤师：画面有一些凸起的造型是怎样制作的？（幼：捏泥粘上的）

⑥师：画家为什么要加上这些造型，对作品起到了什么作用？（幼：更有立体感，增加了作品的生动感）

（3）激发幼儿创作欲望。引导重点：鼓励幼儿大胆想象。

①师：我们可以用什么美工材料像米罗一样进行面具创作？（幼：彩泥、软陶、胶泥等）

②师：除了泥，还可以用什么材料？（幼：沙子、米粒、纸浆等）

③师：如果你要制作一幅作品，你想选择什么材料？为什么？（幼：我想用彩泥，颜色好看；我想用胶泥，可以变形……）

④师：不同的材料能选择一样的工具吗？（幼：不能。软的材料可以用手，如沙子；较硬的材料就要用适当的工具，如彩泥可以用拨子）

（二）幼儿创作

引导重点：鼓励幼儿个性化的创作，引导幼儿根据材料选择工具。

（1）让幼儿体验软、硬不同的材料和不同的操作方法。

①师：请你们也像画家一样选择自己喜欢的材料，创作一幅作品吧！

②师：说一说你喜欢创作什么作品？会选择什么材料和什么工具？

询问个别幼儿，帮助其建立自己的想法，鼓励幼儿根据选择的材料选择适宜的工具进行创作。

（2）幼儿创作，老师个别指导。重点鼓励幼儿大胆选择适宜的材料进行创作。

师：看看你选择的材料适合用什么工具进行创作。

《面具（蓝色）》这幅作品与幼儿平时采用的泥塑的制作方法不一样，所以幼儿在欣赏这种作品之后，对泥制作品的技法和特殊表现方式有了更多的了解，因而产生了尝试操作的欲望和积极表现的欲望。

（三）作品点评

活动结束后，教师组织了幼儿观摩，并提出了几个问题引导幼儿进行积极的讨论。

（1）你们看一看哪幅作品的材料比较有创意？

（2）哪幅作品的材料与工具搭配的比较合适？

（3）你喜欢哪幅作品，为什么？

在教师的提问下，幼儿认真观察，积极思考，踊跃发表自己的看法。张博元说："我看宝润瑶用米粒堆出的小猫面具最有创意，这是我们平时没有看见过的，而且有黑米、白米、小黄米的搭配使用，增加了作品的色彩，很有立体的感觉。"董可依说："李家豪用沙子刮画也很有创意，就像我们去北戴河在沙滩上用小棍刮出的小水道一样，很有趣。"谢欣冉说："许昕甜用彩泥捏出的熊猫面具，使用的是拨子工具，搭配最合理。在雕塑的过程中，用拨子画出的线条可粗可细，变化随意，再加上熊猫面具上的眼睛，用黑豆装饰很形象。"当幼儿讲述自己最喜欢的作品时，真是仁者见仁智者见智，有的喜欢沙画，有的喜欢泥塑，有的喜欢米雕，他们用生动的语言描述着作品的美丽，形象、栩栩如生，幼儿在创作的过程中都体验到了美的享受。

六、教学反思

在教学活动中，我采取引导幼儿观察、讨论、尝试操作的形式，引导幼儿欣赏米罗的泥制作品《面具（蓝色）》，使幼儿通过感官感受到泥制作品可以采用多种表现方法进行创作。同时让幼儿在亲自操作和选用材料的过程中，体会到不同的材料操作所反映出来的不同作品效果。从而从更多层面上了解到，泥制作品的表现技法和富有想象力的创作，加深了对美术作品的认识和理解。幼儿在讨论过程中，围绕活动主题，积极思考，对提出的问题积极呼应，激发了幼儿的思维能力和欣赏能力。相信在这种长期的、美的熏陶下，幼儿的审美体验会更加丰富起来。

七、幼儿作品展示及分析

幼儿作品（1）	作品分析
	作品色彩鲜艳，采用彩泥捏和搓的方法自由创作，体现了幼儿自主发挥的特点。

幼儿作品（2）	作品分析
	幼儿不仅用泥搓成长线条圈出物体轮廓，而且用大米和小米分层次粘贴，表现了作品的活泼、可爱，具有它的特殊性和美观性。

八、幼儿创作过程展示

第五节 国画作品欣赏案例

草菇、竹笋——齐白石

图 6-23 草菇、竹笋

一、作品分析及欣赏定位

《草菇、竹笋》是国画大师齐白石的作品。齐白石画风清新,他的大写意国画风格,开红花墨叶一派,尤以瓜果菜蔬,花鸟虫鱼为工绝。

这节美术欣赏活动课我们把它定位在国画的技法和情趣上，目的是引导幼儿运用国画的表现手法来表现生活中的小情趣。

二、活动目标

（1）感知画面中草菇和竹笋的不同表现手法。

（2）体会国画所表现的生活情趣。

三、活动准备

（1）经验准备：尝试过用国画材料创作国画作品。

（2）材料准备：毛笔、墨汁、宣纸、国画颜料、毡垫、涮笔筒。

四、活动重点、难点

重点：感知国画中不同的表现手法。

难点：体会国画所表现的生活情趣。

五、活动过程

（一）作品欣赏

（1）欣赏作品，初步感知画面内容。

①师：这幅画上画了什么？它们是什么样子的？（幼：香菇、竹笋。香菇是小小的，圆圆的，有点黑，竹笋比香菇大，颜色是黄的，前面是尖的）

②师：你在什么地方见过这两样东西？（幼：家里；菜市场、超市、饭店、电视里）师：饭店里的竹笋是这个颜色吗？（幼：不是，已经切成块了）

③师：你知道他们的味道吗？（幼：知道。笋是脆脆的，草菇像弹簧一样软软的）

④师：你认为它们美吗？（幼：美。有黑有白；笋像牛角、辣椒、香蕉；笋上面的叶子像裙子上的褶皱；草菇像雨伞、漏斗、小鱼、轮胎、灯罩、水母）

点评：至此，教师已引导幼儿仔细观察了画中主要的物体，调动了孩子想象的积极性。

（2）观察作品中草菇和竹笋表现手法，感知侧锋、中锋表现出的不同的艺术效果

①师：你觉得画草菇和竹笋的画法一样吗？有什么不同？（幼：不一样。竹笋上的纹路是用线条画的，草菇更多的是用中锋、侧锋画的）

②师：墨色的运用一样吗？用笔的粗细一样吗？（幼：不一样。草菇颜色深，竹笋颜色浅。竹笋是用细笔尖画的，草菇是用粗笔画的）

③师：两种不同的表现方法使事物看起来有什么不同？

（3）感受国画作品所表现出的生活情趣。

①师：你觉得画家为什么选择这两种东西作为绘画的主题？（幼：也许是他想吃这两种东西了；也许这两种东西是他种的；也许他觉得这两种东西很好看）

②师：你觉得画家画画时的心情怎么样？（幼：很高兴，因为他爱吃这两种东西；很冷静，因为用了很多冷色调；很孤单）

③师：通过作品你能感受到画家是一个什么样的人吗？（幼：很爱吃这两种东西的人；很冷酷很孤单的人；很勤劳的人；有胡子还戴着眼镜的人，因为他的画很像真的，他应该是练了很多年的人）

点评：单从作品的画面上来引导幼儿，他们很难体会到国画的情趣，因此教师从画家绘画主题选择、绘画时的心情的角度，引导幼儿去揣摩作品所传达的生活情致。

（二）创作过程

（1）创作引导：主要是引导幼儿像画家一样用不同的表现手法创作一幅国画。

师：你认为生活中还有哪些事物可以作为国画的绘画主题呢？说说你们都想画什么？（幼：有很多可以画的蔬菜和水果）

（2）幼儿创作，教师个别指导。

教师询问个别孩子，帮助其建立自己的想法，鼓励幼儿按照自己的想法画出不同的内容。

国画的创作方法和平时幼儿画画的表现方法不一样，所以有的孩子在确定绘画主题时选择了模仿原作，这样不仅在表现手法上，而且在构图上都降低了难度。有的孩子则在模仿的基础上加入了自己的创作，如画草莓、南瓜等。

（三）作品评价

绘画结束后，将幼儿的作品粘贴在展示板上，教师组织幼儿进行了作品欣赏和讨论。

（1）师：你觉得哪幅作品中用了不同的绘画方法？说说不同的地方在哪？

（2）师：你觉得哪些作品中墨色的运用不同？给你什么样的感觉？

（3）师：你为什么要画这些内容？你画的时候心情是怎么样的？

此次的活动评价，我们采取了自评和他评结合的方式。在讨论作品表现方式时，教师重点引导幼儿对所有的作品进行欣赏和评价，找出不同的表现方式所呈现出的事物。在引导幼儿感受国画作品的生活情趣时，教师则鼓励幼儿分享自己创作时的感受和心情。

六、教学反思

在活动过程中，教师通过递进式的提问引导幼儿对作品进行细致的欣赏和感受。首先是在感知画面内容的基础上引导幼儿联系生活经验，从感官上引导幼儿初步感受齐白石作品"妙在似与不似之间"的艺术风格。其次引导幼儿感受作品的不同表现手法所表达出的不同的艺术效果，最后通过移情法启发幼儿体会国画艺术的生活情趣。整个过程中幼儿慢慢感悟，慢慢体会。

七、幼儿作品展示及分析

幼儿作品（1）	作品分析
	作品的构图形式及创作的蔬菜内容均与原作十分接近，但是将竹笋换成了造型和色彩都近似的萝卜，说明幼儿已经体会到创作是为了表达内心情感。画萝卜时幼儿能很好地将多种表现方法结合起来，萝卜叶笔锋干脆，萝卜上的细纹线条感很强，由此可见幼儿已有一定的控笔能力，并具备一定的国画绘画基础。

幼儿作品（2）	作品分析
	从作品中能看出幼儿的构图参照了原作，有明显的题字处理。创作时线条感强，选材有自己的创新性。
幼儿作品（3）	作品分析
	幼儿在创作时选材有自己的想法，且作品用墨有层次感。
幼儿作品（4）	作品分析
	幼儿创作菜花的方法模仿了原作的表现手法，能通过细线条和小点来表现菜花的细致特征，且构图自然和谐。
幼儿作品（5）	作品分析
	幼儿创作南瓜时参考了本班自然角的南瓜形态，运用了侧锋和中锋结合的方式加以表现。三颗草莓构图和谐，用墨浓淡相宜。

幼儿作品（6）	作品分析
	幼儿通过墨色的变化形象地表现出西瓜的特征，可见幼儿具备一定的国画绘画基础。

幼儿作品(7)	作品分析
	幼儿创作竹笋的构图及笔法参考了原作，竹笋中的线条干脆，线条感强。

八、幼儿创作过程展示

牡丹——齐白石

图 6-24 牡丹

一、作品分析及欣赏定位

唯有牡丹真国色，花开时节动京城。正如那首著名的《牡丹之歌》里唱的："啊，牡丹，百花丛中最鲜艳，啊，牡丹，众香国里最壮观，冰封大地的时候，你曾孕育着生机一片，春风吹来的时候，你把美丽带给人间……"。牡丹花的姹紫嫣红、富于变化的花形、沁人心脾的香气、硕大花朵上丝绢般的花瓣所表现出的风韵，都给人以特有的自然美感，牡丹自古就被人们认为是"繁荣富强，吉祥幸福"的象征，万花丛中，牡丹独享着"国色天香"的美誉。国人公认牡丹为"花中之王""国花"。牡丹画也会带给别人喜气、幸福和安康。

因此，牡丹一直以来是历代中国画家描绘的重要题材之一。在中国绘画史上，也涌现过许许多多以画牡丹而千古流芳的国画大家。

此幅《牡丹》是齐白石大师 96 岁时之作。作品花叶丰满，浑然一体，形神兼备，气韵生动，意韵飞扬，生机盎然。充满诗情画意，具有强烈的艺术感染力。是他个人心灵的写照。他笔下的牡丹，用色清丽不俗，于淡雅中显现雍容华贵之神韵；牡丹常常是有所寄托，寄寓画家对生活的感受，仿佛在他的艺术里始终保有企求富贵平安的善良愿望。抒情达意，主题鲜明，雍容大度，墨色无碍，自在无法，体现着一种完全达于自由的生命境界。在他的作品中，洋溢着健康、欢乐、诙谐、倔强、自足和蓬勃的生命力。

二、活动目标

（1）学习牡丹花的用色及用笔方法。

（2）观察叶子的不同表现方式并大胆尝试。

三、活动准备

（1）经验准备：利用国画材料创作过国画作品。

（2）材料准备：欣赏画《牡丹》、各种颜色牡丹花的图片、大中小号毛笔、墨汁、宣纸、国画颜料、羊毛毡或者报纸、涮笔筒、手工纸、胶版纸、胶棒、油画棒、水粉纸、橡皮泥、丙烯颜料、清水、颜料调色盘。

四、活动重点、难点

重点：幼儿通过欣赏不同绘画工具表现的牡丹，来感受牡丹花的美丽、富贵和大气。

难点：幼儿通过欣赏《牡丹》作品，尝试用国画的方法来创作自己独特的《牡丹》作品。

五、活动过程

（一）欣赏作品

（1）引导幼儿欣赏国画中的牡丹与其他绘画中的牡丹的画法有什么不同。引导重点：观察国画中牡丹花花瓣的表现方法。

①师：其他绘画形式中的牡丹花是怎么画的？（幼：是用水彩笔先画花边，再涂上颜色的）

②师：国画中是怎样表现牡丹花的？（幼：用毛笔侧躺着直接画出来的）

③师：生活中的牡丹花是什么颜色的？（幼：白色、黄色、红色、绿色、紫色、肉色、橙色、蓝色还有米色）

④师：花瓣的浓淡变化怎么表现出来的？（幼：粉色加黑色直接画出来的；花瓣是用毛笔蘸红色颜料，再蘸一点白色的颜料就变成粉色的了）

⑤师：这样表现的牡丹花看起来有什么感觉？（幼：像圆圆的大西瓜，像一个皮球，也像一朵太阳花）

（2）引导幼儿欣赏牡丹的叶子在画法上有什么变化。引导重点：观察叶子的不同画法。

①师：画面上叶子的画法一样吗？有什么不一样？（幼：不一样。有的叶子是毛笔立着画的，有的是用毛笔侧躺着画出来的）

②师：叶子的用色及浓淡一样吗？（幼：不一样。有的叶子是黑色的，也有的叶子是绿色。有的叶子涂得很混乱，有的叶子涂的有很多空隙）

③师：不同的表现方法画出的叶子看起来有什么不同？（幼：上面的叶子一片一片的，下面的叶子一块一块的。看上去很像老虎的爪子；像一个菠萝；还像一个瀑布往下流水）

④师：哪种方法画出的叶子更嫩？（幼：能看清一片一片叶子的更嫩一些）

⑤师：你能看出哪些是新叶子，哪些是老叶子吗？你是怎么看出来的？（幼：上面的叶子嫩，下面的叶子老。因为我觉得绿色的叶子比较新，黑色的叶子比较老）

（3）引导幼儿欣赏叶子和花看起来有什么不同。引导重点：感受不同墨色及画法表现出来的不同质感。

①师：花和叶子的画法一样吗？有什么不一样？（幼：不一样。上面的花瓣小，下面的叶子大）

②师：不一样的画法使花和叶子看起来有什么不同吗？（幼：花瓣是一瓣一瓣的，叶子是一片一片的）

③师：不同感觉是什么？（幼：花很漂亮，叶子很强壮）

（二）幼儿创作

（1）创作引导：开拓幼儿思维，鼓励幼儿大胆表现。

①师：你们知道这幅画是用什么工具来画的吗？（幼：用毛笔，是水墨画）

②师：那你们觉得除了用水墨画，还可以用什么工具画牡丹？（幼：用蜡笔画；用水粉画；还可以用钢笔画）

③师：小朋友说的都很对，不管用什么样的工具都能表现出牡丹花的漂亮、大气和富贵。那你们想不想自己也来试一试呢？

④师：那现在你们去选择自己喜欢的工具，画一画牡丹花吧！

幼儿自己选择水墨、水粉、水溶性油画棒、线描等不同的工具进行绘画活动。

（2）幼儿创作，个别指导，提示国画的表现方法。

教师提醒幼儿注意花瓣的浓淡墨变化，要掌握好侧锋的用法，以及注意用笔尖描绘叶脉和叶筋，用墨色的浓淡表现嫩叶和老叶的不同。

（三）作品点评

每次绘画结束后，都是孩子们最兴奋的时刻，无论作品创作成功与否，他们喜欢把自己的作品与其他小朋友们分享，因为他们觉得有一种成就感。

（1）你最喜欢哪个同伴的作品？

（2）最喜欢作品中的什么？

在展览板前面，孩子们争先恐后地说。有的说范泽霖用水粉画的花和叶子特别逼真，像花一样，当然和画家的作品也很相像。有的说陈若馨的撕纸贴画很有意思，虽然并没有用笔去画，但是却粘贴出了国画的味道，以及她的另外一张用笔画的牡丹，尤其是叶子部分，虽然跟画家的不一样，但就像是给花穿了一件带百褶的裙子。有的说陈阅洲的橡皮泥作品很别致很有创意，居然用橡皮泥也可以作画。有的说何昕迪用油画棒作品描绘的花和叶子像是一个小公主在随风起舞似的。

通过欣赏不同类别的作品后，开拓了幼儿的思路，使幼儿懂得美术作品中的美包括的范围是很广泛的，从欣赏中逐步提高幼儿的自我评价能力。通过对美术作品评价的尝试，我感到孩子的思维敏捷，每次完成美术作品后，幼儿对作品都有说不完的评价。更重要的是我觉得通过学习评价，孩子的审美能力提高了，能主动地发现日常生活中美的点滴，用欣赏的眼光去看待事物，并会在美术作品的评价过程中表现出来。

六、教学反思

美术欣赏是幼儿美术教育中的一个重要环节，但要上好一次美术欣赏活动还是很不容易的。本次的美术欣赏活动还是比较成功的，幼儿能在互相交流对牡丹花的认识的基础上，在老师的引导下，欣赏出牡丹花的富贵、大气，并能用自己的绘画方式来表现牡丹。

　　任何教学活动都离不开幼儿知识经验的准备，美术欣赏活动也是如此。在开展该欣赏活动以前，我有意识地让幼儿去寻找有关牡丹的资料。幼儿运用自己的方式了解了一些牡丹的特点，然后在活动中和同伴交流共享，使幼儿的个体经验提升为集体的经验。我想，如果没有前期的经验准备，幼儿的思维不会这样活跃，对作品的欣赏也会比较生硬。

　　当然，这次欣赏活动也存在一些不足之处：如在欣赏牡丹作品时，我只重点让幼儿欣赏了花朵的色彩和叶子的形状，而在作品构图上较为欠缺。对中班幼儿来说，欣赏构图也是非常重要的，有助于提高幼儿的构图水平，这在以后的美术欣赏活动中注意改进。在借助特定的艺术语言和形式结构所塑造的视觉艺术形象之中，大部分有着更为内在和深远的深层意蕴，只有感受和领悟美术作品的深层意蕴，才能更好地欣赏和了解美术作品的审美价值及社会文化价值。

七、幼儿作品展示及分析

幼儿作品（1）	作品分析
	此幅撕纸粘贴作品，整体看上去比较抽象。体现幼儿对牡丹花结构的认知，尤其是用叶子点缀了美丽的花朵。花朵撕得比较巧妙，利用纸张的渐变颜色来表现花色的深浅，很有想法和创意。
幼儿作品（2）	作品分析
	此幅橡皮泥作品，从构图上说比较严谨，用橡皮泥的粉红白混在一起，变成花瓣的渐变颜色，很有层次感，叶子也是用黑白绿混在一起，体现叶子的浓淡变化，看上去很厚重。

幼儿作品（3）	作品分析
	此幅油画棒作品，整体看上去让人感觉很轻松、愉悦。描绘的花和叶子像是一个小公主在随风起舞，作品的叶子部分用笔触变化出浓淡和虚实，体现了作品的优雅之处。

幼儿作品（4）	作品分析
	此幅水墨画作品，色彩和构图都与原作品很相似，特别是颜色和笔触产生的浓淡变化非常强烈，说明幼儿的绘画基础比较好，已经较好地理解并掌握了水墨画的创作方法。

幼儿作品（5）	作品分析
	此幅水墨画，有浓淡墨的变化，像是在"百万黑叶中一点红"的感觉，又像是给花穿了一件带百褶的裙子。从整体上看，叶子的构图比较紧密，如果有疏密的体现会更好。

幼儿作品（6）	作品分析
	此幅水粉作品，从构图和颜色上来看，很是与原作品相像，体现幼儿极强的模仿能力和造型能力。水粉纸的吸水性本身比较强，以至于他在表现作品时，特别是在颜色——浓淡色变化方面掌握得比较好。

八、幼儿创作过程展示